Journal d'une combattante
Nouvelles du front de la mondialisation

Domaine anglophone
Ouvrage édité sous la direction
d'Alexandra Bolduc et Marie-Catherine Vacher

•

Leméac Éditeur remercie le ministère du Patrimoine canadien, le Conseil des arts du Canada, la Société de développement des entreprises culturelles du Québec (SODEC) et le Programme de crédit d'impôt du gouvernement du Québec du soutien accordé à son programme de publication.

Titre original :
Fences and Windows
© 2002 Naomi Klein
représentée par Westwood Creative Artists Ltd.
Éditeur original :
Vintage Canada, Toronto

© Leméac Éditeur Inc., 2003
pour la traduction française
ISBN 2-7609-2308-8

© Actes Sud 2003
pour la France, la Suisse et la Belgique
ISBN 2-7427-4269-7

NAOMI KLEIN

Journal d'une combattante
Nouvelles du front de la mondialisation

essai

Traduit de l'anglais (Canada) par Lori Saint-Martin et Paul Gagné

LEMÉAC/ACTES SUD

PRÉFACE

PRÉFACE

LES MURS DE L'ENFERMEMENT, LES FENÊTRES DU POSSIBLE

Qu'on ne s'attende pas à trouver ici une suite de *No Logo*, livre sur la montée de l'activisme anticommercial que j'ai rédigé entre 1995 et 1999 et dont le moteur était l'élaboration d'une thèse. *Journal d'une combattante* propose plutôt des dépêches envoyées depuis la ligne de front d'une bataille dont l'éclatement au grand jour a coïncidé à peu de choses près avec la parution de *No Logo*. En effet, c'est alors même que ce livre était chez l'imprimeur que les mouvements jusque-là essentiellement souterrains dont il fait état se sont imposés à la conscience du monde industrialisé, en conséquence notamment des manifestations de Seattle contre l'Organisation mondiale du commerce, en novembre 1999. Du jour au lendemain, j'ai été propulsée au cœur d'un débat international sur la question la plus urgente de notre époque : quelles valeurs régiront l'ère de la mondialisation ?

C'est ainsi que ce qui avait commencé comme une tournée de promotion sur quinze jours s'est métamorphosé en une aventure qui, en deux ans et demi, m'a conduite dans vingt-deux pays. Durant cette période, j'ai arpenté les rues, bombardées au gaz lacrymogène, de Québec et de Prague ; j'ai assisté à des assemblées de quartier à Buenos Aires ; j'ai fait du camping avec des activistes antinucléaires dans le désert du sud de l'Australie ; j'ai participé à des débats officiels avec des chefs d'État européens. Les quatre années de recherches et d'enfermement qu'avait nécessitées la rédaction de *No Logo* m'avaient mal préparée à toutes ces expériences. Même si les médias m'avaient baptisée « chef de file » ou « porte-parole », avec d'autres, des manifestations internationales, la réalité était tout autre : je n'avais jamais fait de politique et ne raffolais pas des bains de foule. La première fois que j'ai eu à faire un discours sur la mondialisation, j'ai baissé les yeux, me suis mise à lire mes notes à haute voix et n'ai levé la tête qu'une heure et demie plus tard.

Mais en ces circonstances, la timidité n'était pas de mise. Chaque mois, des dizaines, puis des centaines de milliers de personnes se ralliaient à de nouvelles manifestations ; comme moi, la plupart d'entre elles n'avaient pas cru, jusque-là, le changement politique possible. On aurait dit que les échecs du modèle économique dominant étaient devenus trop flagrants pour qu'on puisse continuer à fermer les yeux – et le scandale Enron n'avait pas encore éclaté. Sous prétexte de respecter les exigences des multinationales aux investissements tant convoités, les gouvernements, un peu partout dans le monde, se montraient incapables de répondre aux aspirations de ceux qui les avaient élus. Parfois, les besoins inassouvis visaient des nécessités vitales – médicaments, logements, terrains, eau –, alors que d'autres étaient plus difficiles à cerner, tels que des espaces culturels non commerciaux permettant de communiquer, de se réunir, de partager, que ce soit sur le Net, les ondes publiques ou dans les rues. Plus profondément encore, on avait trahi cet absolu qu'est la démocratie directe et participative plutôt que la démocratie soudoyée par Enron ou le Fonds monétaire international et asservie à eux.

Cette crise faisait fi des frontières nationales. Une économie internationale en pleine expansion et dont l'unique moteur était les bénéfices à court terme se montrait impuissante à faire face à des crises écologiques et humaines de plus en plus pressantes : incapable, par exemple, de passer des combustibles fossiles à des sources d'énergie durables; inapte, malgré les promesses et les mea-culpa, à trouver les ressources nécessaires pour stopper la propagation du VIH en Afrique; réticente à honorer les engagements internationaux visant à réduire la faim ou même à assurer une sécurité alimentaire minimale en Europe. Il est difficile de savoir avec certitude pourquoi le mouvement de protestation a pris son essor à ce moment précis, puisque la plupart de ces problèmes sociaux et écologiques existaient depuis des décennies, mais il faut certainement attribuer une partie du mérite à la mondialisation elle-même. Autrefois, on mettait le sous-financement des écoles ou la contamination des réserves en eau sur le compte d'une mauvaise gestion financière ou de la corruption pure et simple d'un gouvernement national en particulier. Désormais, grâce à l'échange massif d'informations par-delà les frontières nationales, on voyait enfin dans ces problèmes les conséquences locales d'une idéologie internationale bien précise, appliquée par les politiciens au niveau national, mais conçue par une poignée de grandes entreprises et d'institutions internationales, dont l'Organisation mondiale du commerce, le Fonds monétaire international et la Banque mondiale.

Voilà toute l'ironie de l'étiquette «antimondialisation» que nous ont collée les médias: nous, les gens de ce mouvement, transformons la mondialisation en réalité vécue, peut-être davantage que les chefs d'entreprises les plus multinationaux ou les plus acharnés des globe-trotters. Aux rassemblements tels que le Forum social mondial de Porto Alegre, aux «contre-sommets» qui se déroulent parallèlement aux réunions de la Banque mondiale, au sein des réseaux de communication comme www.tao.ca ou www.indymedia.org, la mondialisation cesse d'être une simple affaire de transactions commerciales et touristiques pour devenir une dynamique complexe grâce à laquelle des milliers de personnes se lient les unes aux autres en mettant leurs idées en commun et en racontant l'incidence des théories économiques abstraites sur leur réalité quotidienne. Ce mouvement n'est pas pourvu de leaders au sens traditionnel du terme – il ne compte que des gens décidés à apprendre, puis à transmettre leurs connaissances.

Comme d'autres qui se sont trouvés pris dans cette toile mondiale, je n'avais, au départ, qu'une compréhension toute partielle du modèle économique néolibéral. J'en avais étudié surtout les effets sur les jeunes Nord-Américains et Européens, cibles de choix du marketing, mais toujours à court d'emplois. Puis, comme d'autres, je me suis mondialisée sous l'influence du mouvement. Ce cours accéléré m'a montré comment l'obsession du marché marque la vie des gens: paysans sans terre brésiliens, enseignants argentins, travailleurs de la restauration rapide italiens, cultivateurs de café mexicains, habitants des bidonvilles sud-africains, télé-vendeurs français, cueilleurs de tomates migrants en Floride, militants syndicaux aux Philippines, jeunes sans-abri de Toronto, la ville où j'habite.

Le présent recueil de textes porte les traces de cet apprentissage rapide, parcours personnel parmi bien d'autres au sein du mouvement populaire d'échange d'informations qui a donné à une multitude de personnes – sans formation préalable d'économistes, d'avocats en commerce international ou de spécialistes des brevets – le courage d'ajouter leur voix au débat sur l'avenir de l'économie mondiale. Ces chroniques, articles et discours, rédigés pour le compte du *Globe and Mail*, du *Guardian*, du *Los Angeles Times* et de beaucoup d'autres publications, je les ai écrits à toute vitesse tard le soir, dans des chambres d'hôtel, après les manifestations de Washington et de Mexico, dans des centres médiatiques indépendants et dans beaucoup trop d'avions. (J'en

9

suis à mon deuxième ordinateur portable : un jour, l'homme qui occupait le siège juste devant le mien, dans la cabine de la classe économique d'Air Canada où nous étions entassés, l'a incliné, et un horrible «crac» s'est fait entendre.) J'y ai consigné non seulement les arguments et les faits les plus accablants que j'ai pu glaner en prévision de débats avec des économistes néolibéraux, mais aussi les expériences les plus émouvantes que j'ai vécues dans la rue, au coude à coude, avec d'autres activistes. Parfois, ce sont des tentatives précipitées d'assimiler des informations qui m'avaient été expédiées à peine quelques heures plus tôt, ou encore de répondre à une nouvelle campagne de désinformation attaquant la nature et les buts des manifestations. Certains de ces textes, notamment les discours, sont inédits.

Pourquoi faire un livre de ces textes épars? Notamment parce que, quelques mois après que George W. Bush eut déclaré la «guerre au terrorisme», nous avons compris que quelque chose avait pris fin. Certains politiciens (surtout ceux dont les politiques étaient scrutées à la loupe par les protestataires) se sont empressés de déclarer que c'est le mouvement lui-même qui avait péri : les questions qu'il soulève à propos des ratés de la mondialisation sont frivoles, ont-ils prétendu, voire donnent des munitions à l'«ennemi». En fait, depuis la dernière année, l'escalade de la force militaire et de la répression a provoqué les plus grandes manifestations jamais vues, dans les rues de Rome, de Londres, de Barcelone et de Buenos Aires. Elle a aussi poussé de nombreux activistes qui s'étaient contentés jusque-là d'une dissidence symbolique à l'occasion des sommets à prendre des mesures concrètes pour désamorcer la violence. Ils ont ainsi servi de «boucliers humains» lors de l'impasse à l'église de la Nativité, à Bethléem, et tenté de faire échec aux déportations illégales de réfugiés parqués dans des centres de détention en Europe et en Australie. Alors que le mouvement entrait dans cette nouvelle phase, j'ai compris que j'avais vécu une expérience extraordinaire : le moment précis et grisant où la racaille, c'est-à-dire le «vrai monde», a pénétré par effraction dans le cénacle où les spécialistes décident de notre destin collectif. Je témoigne donc ici non pas d'une conclusion, mais d'une genèse pleine de promesses, période dont le coup d'envoi, en Amérique du Nord, est marqué par l'explosion joyeuse dans les rues de Seattle et dont le cataclysme inimaginable du 11 septembre a inauguré un nouveau chapitre.

* * *

En réunissant ces articles, j'obéissais aussi à un autre impératif. Quelques mois plus tôt, en parcourant mes chroniques passées à la recherche d'une statistique perdue, j'avais été frappée par des thématiques et des images récurrentes. Et, en premier lieu, par celle de la clôture. L'image revenait sans cesse : barrières coupant les gens de ressources autrefois publiques, leur barrant l'accès aux objets de première nécessité comme la terre et l'eau, leur interdisant de traverser les frontières, d'exprimer leur dissidence politique ou de manifester dans les rues. On empêchait même les politiciens de mettre en place des politiques adaptées aux besoins de ceux qui les avaient élus.

Pour être quasi invisibles dans certains cas, ces clôtures n'en sont pas moins réelles. En Zambie, on érige autour des écoles un mur virtuel en introduisant, à la suggestion de la Banque mondiale, des «frais d'utilisation» qui font que les études sont hors de portée pour des millions de familles. Au Canada, un mur ceint la ferme familiale lorsque les politiques gouvernementales font de l'agriculture à petite échelle un produit de luxe inabordable à l'ère des fermes-usines et de la dégringolade du prix des denrées. À Soweto, où la privatisation a fait grimper le prix de l'eau de façon vertigineuse et obligé les habitants à s'approvisionner à des sources contaminées, c'est autour de l'eau potable qu'on a édifié un mur bien réel, tout invisible qu'il soit. En Argentine, c'est l'idée même de la démocratie qu'on enferme en faisant comprendre au gouvernement qu'il ne pourra bénéficier d'un prêt du Fonds monétaire international qu'à condition de sabrer encore dans les dépenses sociales, de privatiser davantage de ressources et d'éliminer le soutien à l'industrie locale – tout cela au plus fort d'une crise économique attisée par ces mêmes politiques. Évidemment, les clôtures de ce genre sont aussi vieilles que le colonialisme. Ces transactions usurières «emprisonnent les nations libres», a écrit Eduardo Galeano dans *Les Veines ouvertes de l'Amérique latine*. Il faisait référence aux modalités d'un prêt consenti à l'Argentine par l'Angleterre en 1824.

En même temps, certaines clôtures indispensables sont attaquées de toutes parts. La course à la privatisation a aboli de nombreuses barrières qui séparaient autrefois les espaces publics des espaces privés : celles qui empêchaient de faire de la publicité dans les écoles, par exemple, de réaliser des profits dans le domaine de la santé ou de transformer les médias en simples véhicules promotionnels pour les autres biens de leurs propriétaires sont presque toutes tombées. On a ouvert de force chacun des domaines publics protégés, uniquement pour permettre au marché de mettre le grappin dessus.

Parmi les barrières d'intérêt public fortement menacées à l'heure actuelle, relevons encore celle qui sépare les cultures génétiquement modifiées de celles qui ne l'ont pas encore été. Les géants de la distribution ont à ce point échoué à empêcher leurs semences altérées d'être portées par le vent dans les champs avoisinants, où elles s'enracinent et se croisent avec les espèces non modifiées, que, dans bien des régions du globe, il est carrément impossible de ne pas consommer d'OGM, toutes les réserves alimentaires ayant été contaminées. Ainsi, les clôtures qui protègent l'intérêt public disparaissent à vue d'œil, alors que celles qui limitent nos libertés se multiplient.

Lorsque j'ai remarqué pour la première fois que l'image de la clôture survenait sans cesse dans les discussions, dans les débats et dans mes propres textes, ce fait m'a semblé significatif. Car tout au long de la dernière décennie d'intégration économique, on a brandi la promesse de l'effondrement des barrières, d'une mobilité accrue et d'une plus grande liberté. Et pourtant, treize ans après la fameuse chute du mur de Berlin, nous voilà encore une fois cernés de toutes parts par des clôtures, coupés les uns des autres, de la terre et de notre propre capacité à imaginer le changement. Le courant économique appelé par euphémisme «mondialisation» pénètre maintenant tous les aspects de la vie et transforme chaque activité, chaque ressource naturelle en bien mesurable et monnayable. Comme le souligne Gerard Greenfield, chercheur dans le domaine du travail établi à Hong-Kong, le capitalisme ne se contente plus du commerce au sens traditionnel, c'est-à-dire la vente d'un nombre sans cesse grandissant d'articles par-delà les frontières. Il vise aussi à satisfaire l'insatiable appétit du marché en repositionnant comme des «produits» des secteurs complets naguère considérés comme des biens collectifs et donc interdits à la vente. L'envahissement du public par le privé s'observe dans des domaines comme la santé et l'éducation, bien sûr, mais aussi dans ceux des idées, des gènes, des semences, qu'on achète, vend, brevète et clôture désormais, sans parler des remèdes traditionnels aborigènes, des plantes, de l'eau et même des cellules-souches humaines. Comme la propriété intellectuelle est maintenant la plus grande exportation américaine (avant les biens manufacturés et les armes), le droit commercial international ne se contente pas de démolir des barrières commerciales choisies. La vérité, c'est qu'il en élève systématiquement de nouvelles – autour de la connaissance, de la technologie et de ressources fraîchement privatisées. Ces «droits de propriété intellectuelle liés au commerce» empêchent les paysans de replanter les semences brevetées de Monsanto et rendent illégale la fabrication, par les pays pauvres, de médicaments génériques peu coûteux pour leurs citoyens défavorisés.

Si on fait actuellement le procès de la mondialisation, c'est parce que, de l'autre côté de ces clôtures virtuelles, se trouvent des gens bien réels, interdits d'accès aux écoles, aux hôpitaux, aux milieux de travail et à leur ferme, leur foyer, leur communauté. La privatisation et la déréglementation massives ont donné naissance à des armées d'exclus dont la capacité de travail est superflue, dont on juge le mode de vie «arriéré», dont les besoins les plus fondamentaux ne sont pas comblés. À cause des clôtures de l'exclusion sociale, il arrive qu'on mette au rebut un secteur industriel au complet, ou encore un pays entier, comme on l'a vu pour l'Argentine. Et comme en témoigne le cas de l'Afrique, un continent au grand complet, ou presque, peut se voir exilé dans un univers fantôme, rayé de la carte du monde et banni des bulletins de nouvelles, où il n'apparaît qu'en temps de guerre : on scrute alors avec méfiance ses citoyens soupçonnés de faire partie d'une milice, d'avoir des penchants terroristes ou de répandre le fanatisme antiaméricain.

En fait, remarquablement peu de laissés pour compte de la mondialisation recourent à la violence. La plupart d'entre eux se contentent de se déplacer : de la campagne à la ville, d'un pays à l'autre. C'est alors qu'ils se heurtent à des clôtures qui, cette fois, n'ont décidément rien de virtuel : faites de grillages ou de barbelés, renforcées au béton et défendues à la mitrailleuse. Chaque fois que j'entends l'expression «libre-échange», surgit dans mon esprit l'image des usines-cages que j'ai visitées aux Philippines et en Indonésie, chacune entourée de barrières, de tours de guet et de soldats – tout cela afin d'empêcher les produits lourdement subventionnés d'en sortir et les militants syndicaux d'y entrer. Je songe aussi à mon récent séjour dans le désert du sud de l'Australie, où j'ai visité le fameux centre de détention Woomera. Situé à cinq cents kilomètres de la ville la plus proche, Woomera est une ancienne base militaire privatisée et convertie en vaste enclos pour les réfugiés, propriété d'une filiale de l'entreprise américaine de sécurité Wackenhut. À Woomera, des milliers de réfugiés afghans et iraquiens ayant fui l'oppression et la dictature de leur pays sont à ce point désespérés de faire savoir au monde entier ce qui se passe derrière les murs clos qu'ils organisent des grèves de la faim, se jettent du toit de leur baraquement, boivent du shampooing ou se cousent la bouche.

Ces jours-ci, les journaux fourmillent de comptes rendus horribles sur les demandeurs d'asile qui tentent de traverser des frontières nationales en se dissimulant parmi des produits qui jouissent d'une mobilité bien supérieure à la leur. En décembre 2001, on a trouvé le corps de huit réfugiés roumains, dont deux enfants, dans un conteneur de meubles de bureau; ils s'étaient asphyxiés au cours du long voyage en mer. La même année, à Eau Claire, au Wisconsin, deux autres réfugiés morts ont été découverts dans un chargement d'accessoires de salle de bains. L'année précédente, cinquante-quatre réfugiés chinois de la province du Fujian sont morts étouffés au fond d'un camion de livraison à Douvres, en Angleterre.

Toutes ces clôtures sont liées entre elles : les réelles, d'acier et de barbelés, servent à faire respecter les virtuelles, celles qui empêchent la majorité d'accéder aux ressources et à la prospérité. Car la mainmise sur une si grande partie de la richesse collective s'accompagne forcément d'une stratégie visant à maîtriser l'agitation et la mobilité de la population. Les entreprises de sécurité font des affaires d'or dans les villes où l'écart entre riches et pauvres est à son paroxysme – Johannesburg, São Paolo, New Delhi – en proposant grillages en fer, voitures blindées, systèmes d'alarme perfectionnés et, en location, des armées de gardiens privés. Au Brésil, à titre d'exemple, on dépense chaque année 4,5 milliards de dollars américains pour assurer la sécurité privée, et il y a quatre cent mille policiers privés armés, presque quatre fois plus que d'agents de police véritables. En Afrique du Sud, pays profondément divisé, les sommes consacrées annuellement à la sécurité privée atteignent désormais les 1,6 milliard de dollars américains, montant trois fois supérieur à celui qu'affecte le gouvernement aux logements à loyer modiques. Il semble bien que les enceintes qui protègent les nantis contre les démunis soient des microcosmes d'un univers qui se transforme à toute vitesse en État blindé mondial : au lieu du village global porté par la disparition des murs et des barrières qu'on nous avait promis, nous sommes confrontés à un réseau de forteresses reliées par des couloirs commerciaux fortement militarisés.

Si ce portrait de la situation semble extrême, c'est peut-être tout simplement parce que la plupart d'entre nous, en Occident, voyons rarement les murs et l'artillerie. Les usines grillagées et les centres de détention de réfugiés sont dissimulés dans des lieux reculés, là où leur existence ne contredit pas directement la rhétorique séduisante d'un monde sans frontières. Mais depuis quelques années, certaines clôtures ont été exposées aux yeux de tous – souvent, en toute logique, lors des sommets où on prône cette forme de mondialisation brutale. Il est désormais admis que si les dirigeants mondiaux veulent se réunir pour discuter d'une nouvelle entente commerciale, on devra ériger l'équivalent moderne d'une forteresse – chars blindés, gaz lacrymogène, canons à eau et chiens d'attaque – afin de les protéger de la grogne populaire. Lorsque, en avril 2001, Québec a accueilli le Sommet des Amériques, le gouvernement canadien a pris l'initiative sans précédent de construire une cage autour non seulement du centre des congrès, mais aussi du centre-ville, obligeant les gens du quartier à montrer patte blanche pour se rendre à la maison ou au travail. Une autre stratégie populaire consiste à choisir pour les sommets des lieux inaccessibles : ainsi, la réunion de 2002 du G-8 a eu lieu en plein cœur des Rocheuses canadiennes, alors que celle de l'OMC s'est tenue, en 2001, au Qatar, État répressif du Golfe dont l'émir interdit les manifestations politiques. La «guerre au terrorisme» s'est transformée en une autre clôture derrière laquelle s'abriter; en effet, elle sert de prétexte aux organisateurs de sommets pour expliquer pourquoi les manifestations publiques de dissension ne seront tout simplement pas tolérées cette fois-ci, ou, pis encore, pour établir des parallèles menaçants entre les protestataires légitimes et les terroristes assoiffés de destruction.

Malgré tout, ces événements qu'on dépeint dans les médias comme des confrontations belliqueuses sont souvent, au contraire, joyeux; on y expérimente d'autres formes d'organisation sociale tout autant qu'on y critique les modèles existants. À l'occasion de mon premier contre-sommet, je me souviens d'avoir eu le sentiment très net de voir s'ouvrir une sorte de portail politique – une porte d'entrée, une fenêtre, une «faille dans l'histoire», pour reprendre la belle expression du sous-commandant Marcos. Rien à voir avec la vitre fracassée du McDonald's du coin, image chérie des caméras de télévision. C'était autre chose : l'avènement du possible, une bouffée d'air frais, un afflux d'oxygène au cerveau. Assister à une telle manifestation – en réalité, ce sont des marathons, longs d'une semaine, de sensibilisation intensive à la politique mondiale, de séances stratégiques se déroulant tard la nuit avec interprétation simultanée en six langues, de festivals de musique et de théâtre de rue –, c'est entrer dans un univers parallèle. Du jour au lendemain, le lieu se transforme en ville globale alternative où la résignation fait place au sentiment d'urgence, les logos d'entreprises ont besoin de gardes du corps armés, les gens évincent les voitures, l'art se répand partout, les inconnus se mettent à discuter entre eux. Tout à coup, la perspective d'une transformation radicale de notre trajectoire politique semble non pas farfelue et anachronique, mais profondément logique.

Les activistes sont allés jusqu'à récupérer les lourds dispositifs de sécurité pour les intégrer à leur message : les clôtures entourant les sommets deviennent ainsi la métaphore d'un modèle économique qui condamne des milliards de personnes à la pauvreté et à l'exclusion. Près de la clôture, on organise des confrontations – mais pas seulement de celles qui exigent des bâtons et des briques : on renvoie les cartouches de gaz lacrymogène à grands coups de bâtons de hockey; on se mesure en toute irrévérence, armé seulement d'un pistolet à eau miniature, aux canons à eau; on s'aide d'un essaim d'avions en papier pour tourner en dérision les hélicoptères vrombissants. À Québec, durant le Sommet des Amériques, des activistes ont construit une catapulte en bois façon Moyen Âge, l'ont fait rouler jusqu'au pied de la clôture de trois mètres qui ceignait le centre-ville et ont lancé des oursons en peluche par-dessus. À Prague, pendant une réunion de la Banque mondiale et du Fonds monétaire international, les membres du groupe d'action directe italien *Tute Bianche* ont décidé de ne pas affronter les brigades anti-émeute tout en noir en arborant eux-mêmes des cagoules et des bandanas aussi menaçants. À la place, ils ont revêtu, pour s'approcher des cordons de policiers, des combinaisons blanches bourrées de pneus en caoutchouc et de styromousse. Dans une confrontation entre Dark Vador et une armée de sosies du bonhomme Michelin, la police partait perdante. Entre-temps, dans un autre quartier de la ville, la pente raide conduisant au centre des congrès a été prise d'assaut par une bande de «fées roses» vêtues de perruques grotesques, de robes du soir argent et rose et de chaussures à plate-forme. Pour sérieux qu'ils soient dans leur désir de perturber l'ordre économique actuel, ces activistes emploient des tactiques révélant leur refus acharné de s'adonner à des luttes de pouvoir classiques; leur but, que je commence à explorer dans les derniers textes du livre, est non pas de prendre

16

le pouvoir, mais bien de contester par principe toute centralisation du pouvoir.

D'autres fenêtres sont également en train de s'ouvrir, de discrètes conspirations par lesquelles on entend reprendre les espaces et les biens privatisés pour les remettre au public. Il peut s'agir d'étudiants qui bannissent les pubs de leurs salles de cours, échangent de la musique en ligne ou créent des centres médiatiques indépendants équipés de logiciels gratuits. Ou de paysans thaïlandais qui sèment des légumes biologiques sur les terrains de golf trop bien irrigués, ou de sans-terre brésiliens abattant les clôtures qui ceignent les terrains inutilisés pour les convertir en coopératives agricoles. Il peut s'agir encore d'ouvriers boliviens qui arrivent à «déprivatiser» l'eau, ou d'habitants des *townships* sud-africains qui, sous la bannière «Le pouvoir au peuple», rebranchent l'électricité des voisins à qui on l'a coupée. Une fois repris en main, ces espaces sont entièrement refaits à neuf. Dans les assemblées de quartier, dans les conseils municipaux, dans les centres médiatiques indépendants, dans les forêts et les fermes administrées par la communauté, on voit émerger une nouvelle culture vivante et démocratique, une culture stimulée et renforcée par la participation directe plutôt que refrénée et démoralisée par l'indifférence passive.

Malgré les nombreuses tentatives de privatisation, il s'avère que tout ne se laisse pas posséder. La musique, l'eau, les semences, l'électricité, les idées – autant de choses qui tendent à échapper aux carcans qu'on s'efforce de leur imposer. Elles ont une résistance naturelle à l'enfermement, une volonté de s'évader, de se féconder mutuellement, de traverser les clôtures et de se faufiler par les fenêtres ouvertes.

Au moment où j'écris ces lignes, on ne sait pas encore ce qui émergera de ces espaces libérés, ni si ces nouvelles façons de faire seront suffisamment solides pour résister aux attaques de plus en plus violentes de la police et de l'armée, qui brouillent à dessein la distinction entre terroristes et activistes. La question de savoir ce qui nous attend me préoccupe, comme elle préoccupe tous ceux qui ont pris part à l'édification de ce mouvement international. Mais je ne tente pas d'y répondre ici. Je me contente de donner un aperçu des premiers balbutiements du mouvement qui a explosé à Seattle et qui, depuis les attentats du 11 septembre – avec toutes leurs répercussions –, a évolué. Exception faite de quelques modifications mineures, placées le plus souvent entre crochets, qui visent à expliciter une référence ou à développer un argument, j'ai décidé de ne pas réécrire ces articles. Je les offre, en ordre plus ou moins chronologique, pour ce qu'ils sont, c'est-à-dire des cartes postales rédigées à des moments dramatiques, premier chapitre d'une très vieille histoire qui se renouvelle toujours : celle de gens qui repoussent les barrières destinées à les enfermer, ouvrent les fenêtres, respirent profondément, éprouvent le goût de la liberté.

I

LES FENÊTRES DE LA DISSIDENCE

Où les activistes abattent les premières clôtures
– dans les rues et dans leur esprit –

SEATTLE

UN MOUVEMENT EST NÉ

Décembre 1999

«C'est qui, ces gens-là?» Voilà la question qu'on pose un peu partout cette semaine aux États-Unis: en tribune téléphonique à la radio, dans les éditoriaux, et surtout à Seattle, dans les couloirs de la réunion de l'Organisation mondiale du commerce.

Jusqu'à tout récemment, les négociations commerciales se déroulaient entre spécialistes dans une atmosphère feutrée. Dehors, on ne voyait pas de protestataires, surtout pas des manifestants déguisés en tortues de mer géantes. Mais durant la réunion de l'OMC, cette semaine, l'ambiance n'était plus au calme: la ville de Seattle a décrété l'état d'urgence, les rues se sont transformées en zone militaire et on a dû couper court aux négociations.

Qui sont-ils, les 50 000 manifestants aux origines mystérieuses qui ont convergé sur Seattle? Les théories ne manquent pas. Pour les uns, ce sont des radicaux à la manque, nostalgiques des années soixante. Pour les autres, des anarchistes assoiffés de destruction ou encore des technophobes s'acharnant à combattre la vague de fond de la mondialisation, qui les a pourtant déjà submergés. Mike Moore, directeur de l'OMC, décrit ses opposants comme des protectionnistes égoïstes décidés à nuire aux pauvres de ce monde.

Il est sans doute normal que les objectifs des protestataires ne ressortent pas encore avec clarté. Après tout, ce mouvement politique, le tout premier à naître des voies chaotiques d'Internet, ne possède ni hiérarchie centrale prête à dévoiler le projet d'ensemble, ni chefs reconnus de tous et fortement médiatiques. Et personne ne sait quelle sera la prochaine étape.

Chose certaine, toutefois, les protestataires de Seattle ne s'opposent pas à la mondialisation; tout autant que les avocats en droit commercial qui assistent aux réunions officielles, ce sont des mordus de l'internationalisation. Si ce nouveau mouvement s'oppose à quelque chose, c'est bien aux grandes entreprises; il s'en prend à la logique selon laquelle ce qui est bon pour elles – allègement de la réglementation, mobilité et accès au marché accrus – va, à terme, faire le bonheur de tous.

Le mouvement est issu des campagnes de contestation de cette logique marchande qui dénoncent le piètre bilan de quelques multinationales en matière de respect des droits humains, de relations de travail et d'écologie. Parmi les jeunes qui ont défilé dans les rues de Seattle cette semaine, beaucoup ont fait leurs premières armes en combattant les *sweatshops* de Nike, les violations des droits de l'homme perpétrées par la Royal Dutch/Shell dans le delta du Niger, ou les manipulations génétiques des aliments concoctées par Monsanto. Depuis trois ans, ces grandes entreprises, véritables symboles des dérapages de l'économie mondiale, fournissent aux militants des points d'entrée bien ciblés dans le monde byzantin de l'OMC.

En s'attaquant aux multinationales et à l'influence qu'elles exercent un peu partout dans le monde, ce réseau de militants est devenu en peu de temps le mouvement le plus internationaliste et le plus «connecté» de l'histoire de l'humanité. On ne parle plus de Mexicains ou de Chinois anonymes qui nous volent «nos» emplois, entre autres parce que les représentants de ces travailleurs sont abonnés aux listes d'envoi électroniques et assistent aux mêmes conférences que les militants occidentaux. Nombre d'entre eux comptent d'ailleurs parmi les manifestants réunis à Seattle cette semaine. Et s'ils dénoncent les maux de la mondialisation, les protestataires ne prônent pas, sauf exception, le retour à un nationalisme étroit. Ce qu'ils revendiquent plutôt, c'est une mondialisation plus ouverte, où le commerce est lié aux droits des travailleurs, à la protection de l'environnement et à la démocratie.

Voilà d'ailleurs qui démarque les jeunes protestataires de Seattle des militants des années 1960. À l'ère de Woodstock, le refus de respecter les règles édictées par les États et les écoles était en soi un geste politique. De nos jours, les opposants à l'OMC – dont de nombreux anarchistes avoués – s'indignent au contraire de l'absence de règles imposées aux grandes entreprises et de l'illustration flagrante du principe des «deux poids, deux mesures» qu'on observe dans l'application des règles aux pays riches et aux pays pauvres.

Ces militants sont venus à Seattle après avoir appris que des groupes spéciaux de l'OMC avaient, sous prétexte d'éliminer des entraves au libre commerce, condamné des lois protégeant des espèces en voie de disparition et renversé la décision prise par le gouvernement français d'interdire le bœuf aux hormones. À Seattle, on ne fait pas le procès du commerce ni celui de la mondialisation; on dénonce l'assaut lancé, au niveau mondial, contre le droit des citoyens d'édicter des règles pour protéger aussi bien les êtres humains que la planète.

Bien sûr, tous se disent favorables aux règles, du président Clinton au président de Microsoft, Bill Gates; curieusement, le «commerce fondé sur des règles» est devenu le mantra de l'ère de la déréglementation. De façon purement arbitraire, l'OMC a cherché à couper le commerce de tous les êtres et de tous les secteurs qu'il touche pourtant: les travailleurs, l'environnement, la culture. C'est pour cela que le président Clinton était très loin du compte lorsqu'il a laissé entendre hier que le fossé qui sépare les protestataires des délégués pouvait être comblé grâce à de petits compromis et à quelques consultations.

S'affrontent ici, non pas les partisans de la mondialisation et les protectionnistes, mais deux visions diamétralement opposées de la mondialisation. La première a exercé un monopole pendant dix ans. La deuxième vient tout juste de fêter sa naissance.

WASHINGTON, D.C.

LE CAPITALISME SORT DU PLACARD

Avril 2000

AVANT

Samedi, mon ami Mez montera dans un autocar à destination de Washington, D.C. Interrogé sur les raisons de cette décision, il a répondu sur un ton passionné : « Écoute, j'ai raté Seattle. Pour rien au monde je ne manquerais Washington. »

J'ai déjà entendu des voix empreintes de cette nostalgie sans limites, mais l'objet en était le plus souvent un festival rock tenu sous la pluie, ou encore une pièce de théâtre new-yorkaise jouée à guichets fermés, du genre *Monologues du vagin*. Jamais une manifestation politique n'avait à ma connaissance inspiré une telle réaction. Surtout pas une manifestation contre des bureaucraties ennuyeuses telles que la Banque mondiale et le Fonds monétaire international. Encore moins quand ces institutions sont sur la sellette en raison d'une politique de crédit vieille de quelques décennies déjà, qu'on appelle l'« ajustement structurel ».

Et pourtant, les voici – étudiants, artistes, anarchistes sans salaire et métallurgistes armés de leur gamelle – qui montent dans des autocars un peu partout en Amérique du Nord. Leurs poches et leurs sacs en bandoulière débordent de documents sur le ratio des dépenses de la santé par rapport au remboursement de la dette au Mozambique (une somme deux fois et demie supérieure est affectée à la dette) et le nombre de personnes dans le monde qui sont privées d'électricité (deux milliards).

Il y a quatre mois, cette même coalition d'écologistes, de travailleurs et d'anarchistes a paralysé la réunion de l'Organisation mondiale du commerce. À Seattle, on a, dans le cadre d'un nombre impressionnant de campagnes axées sur un seul combat – contre des entreprises controversées comme Nike ou Shell, par exemple, ou des dictatures comme la Birmanie –, procédé à une critique plus vaste des organismes régulateurs qui se contentent de jouer les arbitres dans la course mondiale au pire.

Confrontés à des adversaires forts et bien organisés, les partisans d'un libre-échange accéléré sont aussitôt passés à l'attaque, accusant les manifestants d'être les ennemis des pauvres. Parmi les faits dignes de mémoire, *The Economist* a mis en couverture la photo d'un enfant indien affamé; c'était lui, selon le magazine, la véritable victime des protestations. Le président de l'OMC, Michael Moore, était ému aux larmes: «À ceux qui veulent nous obliger à arrêter, je réponds: "Dites-le aux pauvres, aux marginalisés du monde entier, qui comptent sur notre aide."»

C'est cette récupération de l'Organisation mondiale du commerce et du capitalisme mondial dans son ensemble, présentés désormais en programmes d'élimination de la pauvreté hélas mal compris, qui constitue le legs le plus problématique de la bataille de Seattle. À en croire la rengaine genevoise, le commerce sans entraves est une forme de philanthropie à grande échelle. Selon cette logique, la progression fulgurante des salaires des hauts dirigeants comme des dividendes versés aux actionnaires sert uniquement à dissimuler les véritables intentions des multinationales: guérir les malades, augmenter le salaire minimum et sauver les arbres.

Mais rien ne dément mieux cette équivalence suspecte entre visées humanitaires et déréglementation du commerce que les actions passées de la Banque mondiale et du FMI, qui ont exacerbé la pauvreté dans le monde en obéissant à la foi illimitée, quasi mystique, que leur inspire le principe de la «percolation» économique.

La Banque mondiale a prêté de l'argent aux pays les plus pauvres et les plus nécessiteux dans le but de les faire passer à une économie fondée sur les méga-projets étrangers, les cultures commerciales plutôt que vivrières, la fabrication à faibles salaires de biens destinés à l'exportation et la spéculation financière. Or si ces projets ont rempli les coffres des multinationales minières, agroalimentaires et textiles, ils ont eu, dans de nombreux pays, des conséquences désastreuses: détérioration rapide de l'environnement, migrations massives vers les grands centres urbains, effondrement des devises et création d'emplois sans avenir dans les sweatshops.

Et voilà que rappliquent la Banque mondiale et le FMI avec leurs fameux prêts d'urgence, toujours assortis de nouvelles conditions: geler le salaire minimum en Haïti et supprimer la limitation des avoirs étrangers en Thaïlande; au Mexique, c'est une augmentation des frais de scolarité qu'on a voulu imposer. Et lorsque les nouvelles mesures d'austérité se révèlent à leur tour impuissantes à produire une croissance économique durable, il n'est pas question d'éliminer ou d'alléger les dettes ainsi accumulées.

Le regard scrutateur qu'on posera sur la Banque mondiale et sur le FMI ce week-end fera beaucoup pour démolir l'argument selon lequel les manifestants de Seattle étaient des protectionnistes nord-américains âpres au gain et décidés à garder pour eux les fruits du boom économique. Lorsque les syndiqués et les écologistes sont descendus dans la rue pour dénoncer l'ingérence de l'OMC dans la réglementation du travail et de l'environnement, ils ne cherchaient pas à contraindre les pays en voie de développement à adopter «nos» normes. Il s'agissait plutôt de rattraper un mouvement d'autodétermination né dans les pays du Sud, où on prononce les mots «Banque mondiale» en crachant et où on lit sur les pancartes, au lieu de «IMF» (FMI), «I M Fired» («J'ai été congédié»).

Après Seattle, l'Organisation mondiale du commerce n'a pas eu de mal à redorer son image; cet organisme était alors si mal connu que personne n'a songé à contester ses affirmations. On ne peut en dire autant de la Banque mondiale et du Fonds monétaire international: au moindre examen, les squelettes se mettent à sortir du placard. Habituellement, c'est dans les pays pauvres qu'on trouve ces «squelettes»: écoles et hôpitaux en ruines, paysans chassés de leurs terres, villes surpeuplées, eau impropre à la consommation. C'est à partir de ce week-end que tout changera: les «squelettes» traqueront les banquiers jusqu'à leur siège social de Washington.

APRÈS

Bon, je l'avoue: je me suis levée trop tard et j'ai raté la manif.

Je m'étais bien rendue à Washington, pour me joindre aux manifestations contre la Banque mondiale et le Fonds monétaire international, mais lorsque mon portable a sonné à une heure impossible et qu'on m'a fait part du nouveau plan – rendez-vous lundi, à quatre heures du matin –, j'ai été incapable de me lever.

«D'accord, on se voit là-bas», ai-je marmonné en griffonnant, de mon stylo sans encre, le nom de quelques carrefours. Pas moyen. Complètement épuisée après treize heures passées à défiler dans les rues la veille, j'ai décidé de retrouver les autres manifestants à une heure plus civilisée. Comme nous avons été quelques milliers à en faire autant, les délégués de la Banque mondiale, arrivés en autobus avant l'aube, ont pu se rendre à leurs salles de réunion sans encombre, tout fripés qu'ils fussent.

«Une défaite!» ont tonné plusieurs journalistes, pressés d'en finir avec cette manifestation dérangeante de la démocratie.

David Frum, Canadien établi à Washington, s'est précipité sur son ordinateur pour crier à l'«échec», au «désastre» et même au «soufflé dégonflé». Selon Frum, c'est par dépit que les militants, qui n'avaient pas réussi à interrompre la réunion de dimanche du FMI, sont restés au lit le lendemain matin au lieu de braver la pluie.

Oui, c'était difficile de s'extirper du lit le lundi matin, mais pas à cause de la pluie et des flics. C'était difficile parce que, depuis une semaine que les manifestations duraient, on allait de victoire en victoire. Les militants adorent se vanter d'avoir paralysé une réunion, certes, mais les vrais triomphes surviennent en marge de ces événements spectaculaires.

La première victoire remonte à quelques semaines avant la manifestation : beaucoup d'ex-dirigeants de la Banque mondiale et du FMI se sont ralliés aux critiques de ces institutions en dénonçant leurs anciens patrons. Retenons surtout l'intervention de Joseph Stiglitz. Cet ancien économiste en chef de la Banque mondiale a dit que le FMI souffrait d'un manque criant de démocratie et de transparence.

Ensuite, une grande entreprise a cédé. Soucieux de remplacer le libre-échange par le «commerce équitable», les organisateurs de la manifestation avaient annoncé qu'ils allaient défiler devant les cafés Starbucks pour exiger que l'entreprise ne vende que du café cultivé par des paysans touchant un salaire décent. La semaine dernière, quatre jours à peine avant la manifestation prévue, Starbucks a annoncé le lancement d'une gamme de cafés certifiés équitables. À défaut d'être une victoire retentissante, c'était, à tout le moins, un signe des temps.

Enfin, ce sont les protestataires qui ont donné le ton au débat. Avant que les marionnettes géantes en papier mâché ne soient sèches, il était question, dans les journaux et aux émissions-débats à la radio, de l'échec de nombreux méga-projets financés par la Banque mondiale et de prêts d'urgence du FMI. Qui plus est, la critique du «capitalisme» vient de connaître un retour en force digne de Santana.

Le groupe anarchiste radical Black Bloc s'est rebaptisé «Bloc anticapitaliste». Sur les trottoirs, des étudiants ont tracé à la craie le message suivant: «Si le FMI et la Banque mondiale vous font peur, attendez de faire connaissance avec le capitalisme.» En guise de réponse, les *frat boys* (membres de confréries d'étudiants) de l'American University ont suspendu à leurs fenêtres des affiches sur lesquelles on lisait: «Le capitalisme vous a apporté la prospérité. Remerciez-le à genoux!» Même les experts du dimanche du réseau CNN ont commencé à utiliser le mot «capitalisme» au lieu de parler simplement de l'«économie». Le mot apparaît deux fois plutôt qu'une en première page du *New York Times* d'hier. Après plus d'une décennie de triomphalisme débridé, le capitalisme (plutôt que des litotes comme «la mondialisation», «le règne des grandes entreprises» ou «l'écart grandissant entre riches et pauvres») est redevenu un enjeu légitime. En comparaison de ce gain spectaculaire, l'interruption d'une réunion ordinaire de la Banque mondiale semble presque accessoire. À la place, nous avons détourné l'ordre du jour de la réunion et la conférence de presse qui l'a suivie. Au lieu des déclarations habituelles sur la déréglementation, la privatisation et la nécessité de «discipliner» les marchés du Tiers-Monde, on s'est engagé à alléger d'urgence la dette des pays très pauvres et à consacrer des sommes «illimitées» à la crise du sida en Afrique.

Bien sûr, ce n'est que le début. Mais s'il y a une leçon à tirer de l'expérience de Washington, c'est que les esprits, aussi bien que les corps, peuvent prendre une barricade d'assaut. La grasse matinée de lundi était non pas le sommeil du vaincu, mais le repos bien mérité du guerrier victorieux.

ET MAINTENANT?

POUR ÊTRE EFFICACE, LE MOUVEMENT DE LUTTE CONTRE L'HÉGÉMONIE MONDIALE DES ENTREPRISES N'A PAS L'OBLIGATION DE SE DONNER UN PLAN EN DIX POINTS

Juillet 2000

« Ce colloque est différent de tous les autres. »

Voilà ce qu'on a dit aux conférenciers de l'événement « Réinventer la politique et la société », peu avant notre arrivée à l'église Riverside de New York. En nous adressant aux quelque mille délégués qui allaient assister au colloque pendant ces trois jours en mai, nous devions nous attaquer à un problème bien précis : l'absence de « vision et de stratégie unifiées » à la barre du mouvement contre la mondialisation marchande.

L'heure, nous a-t-on dit, était grave. Dans la presse, on se gaussait des jeunes militants qui s'étaient rendus à Seattle pour réduire au silence l'Organisation mondiale du commerce et à Washington pour protester contre la Banque mondiale et le Fonds monétaire international : de pauvres naïfs au tambour, déguisés en arbres ou en agneaux. Nous avions pour mission, selon les organisateurs du colloque, la Foundation for Ethics and Meaning, de transformer ce chaos populaire en structure organisée, propre à séduire les médias. Trêve de palabres, nous étions là pour « donner naissance à un mouvement unifié et intégré de changement social, économique et politique ».

En passant d'une salle de conférence à une autre, absorbant les visions qu'exposaient les Arianna Huffington, Michael Lerner, David Korten et Cornel West ainsi que des dizaines d'autres, je n'ai pu m'empêcher de trouver un brin futile toute cette démarche, aussi noble soit-elle. Même si nous parvenions à rédiger un plan en dix points – d'une clarté exemplaire, d'une cohérence élégante, d'une unité de perspective parfaite – à qui, au juste, faudrait-il transmettre ces nouvelles Tables de la Loi ? Le mouvement de contestation populaire des grandes entreprises qui a été projeté à l'avant-scène mondiale à Seattle en novembre dernier n'est soudé par rien : ce n'est ni un parti politique, ni un réseau national doté d'un siège social, de cellules et de sections locales, et il n'organise pas d'élections tous les ans. Et s'il subit l'influence de certains militants et intellectuels, le mouvement ne reconnaît aucun leader. C'est justement parce qu'il n'a pas de forme précise que les idées et les projets dont on accouchait à l'église Riverside, sans être dénués de pertinence, n'avaient pas le caractère définitif dont les organisateurs avaient rêvé. Au lieu d'être adoptés comme politique officielle du mouvement, ils allaient être emportés par l'immense raz-de-marée d'informations – journaux Web, manifestes d'ONG, articles savants, vidéos maison, cris du cœur – qui inonde chaque jour le réseau anti-commercial mondial.

À trop reprocher aux jeunes militants de la lutte contre la mondialisation marchande de ne pas reconnaître de chefs de file, on oublie le revers de la médaille : ils n'ont pas non plus de «disciples» bien définis. Aux yeux des nostalgiques des années soixante, le mouvement possède une impassibilité exaspérante; ils sont tellement désorganisés, ces gens-là, qu'ils n'ont même pas les moyens de répondre aux tentatives bien orchestrées de les organiser... Voilà bien les militants de la génération MTV, de dire la vieille garde : un mouvement diffus, éclaté, sans orientation précise.

À priori, ces critiques semblent faire mouche : à droite comme à gauche, on s'entend pour dire qu'il faut une argumentation idéologique claire et bien structurée. Mais les choses sont-elles vraiment aussi simples? Si les manifestations de Seattle et de Washington semblaient aller dans tous les sens, c'est peut-être parce que, loin d'être le fruit d'un seul mouvement, elles résultaient de la convergence de nombreux petits regroupements, s'en prenant soit à une multinationale en particulier (Nike, par exemple), soit à une industrie (tel le secteur agro-alimentaire), soit à une nouvelle initiative commerciale (comme la Zone de libre-échange des Amériques). Ce qui unit ces petits groupes aux visées bien précises, c'est leur conviction que les divers maux qu'ils combattent sont le résultat de la mondialisation marchande, qui concentre le pouvoir et la richesse entre les mains d'un tout petit nombre de joueurs. Bien sûr, ils divergent sur de nombreux points : le rôle de l'État-nation, la rédemption possible du capitalisme, le rythme du changement. Mais de plus en plus, au sein de ces petits regroupements, on reconnaît que, pour contrer la puissance des entreprises multinationales, il faut décentraliser les responsabilités et rendre le pouvoir décisionnel aux collectivités, que ce soit par l'entremise des syndicats, des quartiers, des fermes, des villages, des collectifs d'anarchistes ou des gouvernements autochtones autonomes.

Malgré ce terrain d'entente, les différentes campagnes n'ont pas convergé pour donner naissance à un mouvement unifié. Plutôt, des connexions complexes et serrées les lient entre elles, un peu à la manière des hyperliens qui rattachent leurs sites Web les uns aux autres. Cette comparaison n'est pas fortuite; au contraire, elle est essentielle pour qui veut comprendre le nouveau militantisme politique. Or, si beaucoup ont fait remarquer que les grandes manifestations des derniers temps auraient été impossibles sans Internet, on a rarement souligné qu'Internet a, du même coup, façonné les campagnes à son image, leur imprimant la forme d'une toile d'araignée. Grâce au Net, les mobilisations s'appuient sur une bureaucratie légère et une hiérarchie réduite au strict minimum; au consensus obligatoire et aux manifestes cent fois remis sur le métier se substituent des échanges d'informations constants, peu structurés et parfois compulsifs. Ainsi, dans les rues de Seattle et de Washington, on a vu émerger un modèle d'organisation militante qui reproduit les voies organiques, décentralisées, tout en embranchements, d'Internet – Internet animé d'une vie propre.

Le centre de recherche TeleGeography, à Washington, s'est donné comme mission de cartographier l'architecture Internet, comme s'il s'agissait du système solaire. Récemment, cette organisation a dit voir en Internet non pas une seule toile géante, mais un réseau de «moyeux et de rayons». Les moyeux sont les centres d'activités, les rayons les liens entre les différents centres, tous autonomes mais raccordés les uns aux autres.

Voilà qui décrit à merveille les manifestations de Seattle et de Washington. Ces lieux de convergence étaient des «moyeux» militants formés de centaines, voire de milliers, de «rayons» autonomes. Pendant les manifestations, les «rayons» ont pris la forme de «groupes d'affinités» regroupant entre cinq et vingt manifestants; chacun de ces groupes élisait un porte-parole chargé de le représenter aux fréquentes assemblées du *spokescouncil* (conseil des rayons). Même si tous les groupes d'affinités se sont entendus pour respecter certains principes de non-violence, chacun demeurait distinct et arrêtait lui-même sa stratégie. À l'occasion de certains ralliements, les militants brandissent de véritables toiles en tissu pour symboliser le mouvement. Lorsque vient le moment de se réunir, on pose la toile par terre, on crie *all spokes on the web* («tous les rayons à la toile») et la structure se transforme, en pleine rue, en salle du conseil.

Pendant les quatre années qui ont précédé les manifestations de Seattle et de Washington, des événements semblables ont eu lieu à l'occasion des sommets de l'Organisation mondiale du commerce, du G-7 et de la Coopération économique Asie-Pacifique (APEC) tenus à Auckland, à Vancouver, à Manille, à Birmingham, à Londres, à Genève, à Kuala Lumpur et à Cologne. Chacune de ces manifestations obéissait au principe d'une décentralisation organisée : au lieu de présenter un front cohérent, de petits noyaux de militants ont cerné la cible de tous les côtés à la fois. Et plutôt que de se doter de lourdes bureaucraties nationales ou internationales, on a créé des structures temporaires. Des immeubles désaffectés sont ainsi devenus des «centres de convergence» et des producteurs média indépendants ont improvisé de toutes pièces des salles de nouvelles à l'intention des militants. Les coalitions de fortune à l'origine de ces manifestations portent souvent pour tout nom la date de l'événement : J18, N30, A16 et, pour la réunion du FMI de Prague, le 26 septembre, S26. Une fois terminés, ces événements ne laissent presque aucune trace, sinon un site Web archivé.

Bien sûr, cette décentralisation radicale masque une hiérarchie bien réelle, au sommet de laquelle se trouvent ceux qui possèdent, comprennent et contrôlent les réseaux informatiques liant les militants entre eux. Jesse Hirsh, l'un des fondateurs du réseau informatique anarchiste Tao Communications, parle d'une *geek adhocracy* («adhocratie des as de l'informatique»).

Le modèle des «moyeux et des rayons» n'est pas qu'une tactique de protestation; les manifestations elles-mêmes sont formées de «coalitions de coalitions», selon l'expression de Kevin Danaher de *Global Exchange*. Chaque campagne anticommerciale s'appuie sur de nombreux groupes, surtout d'ONG, de syndicats, d'étudiants et d'anarchistes. Ces groupes utilisent le Net, mais aussi des outils plus traditionnels, pour mener toutes sortes d'activités : documenter les derniers méfaits de la Banque mondiale, inonder la Shell Oil de télécopies et de messages électroniques, produire des dépliants anti-*sweatshop* prêts à télécharger et à distribuer lors des manifestations devant Nike Town. Tout en restant autonomes, les groupes sont passés maîtres dans l'art d'orchestrer des actions internationales souvent meurtrières pour leurs adversaires.

Les campagnes de ce genre réduisent à néant l'accusation selon laquelle le mouvement anticommercial manque de «vision». Il est vrai qu'on a observé, aux grandes manifestations de Seattle et de Washington, un méli-mélo de slogans et de causes disparates, vrai aussi que les non-initiés avaient du mal à saisir les liens entre l'incarcération de Mumia Abu-Jamal, promis à la peine de mort, et le sort des tortues de mer. Mais les critiques qui cherchent la cohérence de ces grands événements-chocs confondent l'aspect extérieur du mouvement et le mouvement lui-même: en somme, les manifestants déguisés en arbres leur cachent la grande forêt de la protestation. Le mouvement, c'est précisément les «rayons», et les rayons ne sont nullement à court de vision.

À titre d'exemple, citons le mouvement étudiant anti-*sweatshop*, passé en un clin d'œil de la simple critique des entreprises et des administrateurs universitaires à la rédaction de nouveaux codes de conduite, puis à la création, en association avec des syndicalistes des pays du Sud, d'un organisme quasi réglementaire, le Worker Rights Consortium (Consortium pour la défense des droits des travailleurs). Le mouvement contre les aliments génétiquement modifiés multiplie les victoires: ayant d'abord fait retirer nombre d'aliments transgéniques des supermarchés britanniques, il a ensuite fait adopter des lois sur l'étiquetage en Europe, avant de frapper un grand coup grâce au Protocole de Montréal sur la biosécurité. Entre-temps, les adversaires des politiques de développement de la Banque mondiale et du FMI, dont le moteur est toujours l'exportation, ont produit une panoplie de documents sur les modèles de développement communautaire, la réforme agraire, la remise de dette et les principes d'autonomie gouvernementale. Les critiques des industries minière et pétrolière débordent d'idées qui garantiraient des sources d'énergie renouvelables tout autant qu'une extraction responsable des ressources – même si on leur donne rarement l'occasion de mettre leurs théories en pratique.

Bien que fortement décentralisées, ces campagnes ne sont ni incohérentes ni fragmentées. Au contraire, la décentralisation constitue une réponse logique, voire ingénieuse, à la fragmentation préalable des réseaux progressistes et à l'évolution sociale au sens large. C'est une conséquence indirecte de la démultiplication des ONG anticommerciales, qui gagnent en puissance et en visibilité depuis le sommet de Rio, tenu en 1992. Il y en a tant, au fond, que seul le modèle des «moyeux et des rayons» accommode leurs styles, leurs tactiques et leurs buts divergents. Comme Internet lui-même, les ONG et les «groupes d'affinités» constituent des réseaux capables de s'étendre à l'infini. Toute personne qui ne se reconnaît pas dans l'une ou l'autre des quelques trente mille ONG ou des milliers de «groupes d'affinités» qui existent déjà n'a qu'à fonder son propre groupe pour ensuite se brancher au réseau. Nul n'est tenu de renoncer à sa spécificité pour entrer dans une structure plus vaste; comme pour toutes les activités en ligne, on peut butiner à sa guise, prendre ce qu'on veut et, pour le reste, appuyer sur la touche «effacer». On dirait parfois un militantisme de «navigateur», reflet d'ailleurs de la culture paradoxale d'Internet, qui allie à un narcissisme exacerbé un ardent désir d'appartenance et de proximité.

Mais si elle résulte d'un type d'organisation qui repose largement sur Internet, la structure en toile d'araignée s'explique aussi par la dure réalité à l'origine de la vague de manifestations: la faillite totale des partis politiques traditionnels. Partout au monde, des citoyens ont trimé dur pour faire élire des gouvernements sociaux-démocrates ou travaillistes qui, à la première occasion, se sont déclarés impuissants devant les forces du marché et les diktats du FMI. Les voyant faire, les militants modernes, qui sont tout sauf naïfs, ont déserté la politique électorale. À la place, ils sont bien décidés à contester les structures qui sapent le pouvoir démocratique, du financement des campagnes électorales par les grandes entreprises à la capacité de l'OMC d'outrepasser la souveraineté nationale. Parmi les mécanismes les plus controversés, on compte les politiques d'ajustement structurel du FMI, en vertu desquelles les gouvernements désireux d'obtenir des prêts doivent réduire les dépenses sociales et privatiser les ressources.

Puisque ses principes d'organisation sont aux antipodes de ceux qui régissent les institutions et les grandes entreprises qu'il prend pour cible, ce mouvement décentralisé s'est révélé extrêmement difficile à contrôler. C'est justement l'une des grandes forces du modèle de laissez-faire qu'il propose: à la concentration des grandes entreprises, il oppose la fragmentation; à la mondialisation, une forme d'enracinement local; à l'intégration des pouvoirs, leur dispersion radicale.

Selon Joshua Karliner, du Transnational Resource and Action Center (Centre transnational de ressources et d'action), ce système constitue une «réponse involontairement brillante à la mondialisation». C'est précisément parce qu'il a surgi spontanément que nous n'avons pas de mots pour décrire cet état de choses, d'où un phénomène amusant: la prolifération des métaphores. Pour ma part, je retiens l'image des moyeux et des rayons, mais Maude Barlow, du Conseil des Canadiens, dit les choses autrement: «Nous nous heurtons à un immense rocher. Puisque nous ne pouvons le déplacer, nous passons par-dessus ou en dessous, ou encore nous le contournons.» Le Britannique John Jordan, militant de Reclaim the Streets (Récupérons les rues), préfère encore une autre image: les multinationales, dit-il, «ressemblent à de gigantesques navires-citernes, et nous, à un banc de poissons. Contrairement à elles, nous pouvons changer de cap rapidement». La Free Burma Coalition, établie aux États-Unis, parle d'un réseau d'«araignées» capables de prendre dans leur toile la plus puissante entreprise multinationale. Jusqu'à un rapport militaire états-unien sur le soulèvement zapatiste au Chiapas (État du Mexique) qui y met son grain de sel: selon une étude de la RAND, institut de recherches qui travaille pour le compte de l'armée américaine, les zapatistes livraient une «guerre de poux» qui, grâce à Internet et au réseau mondial des ONG, s'est transformée en «guerre d'essaimage». Selon les mêmes chercheurs, cette révolte «en essaim» pose un grand défi d'ordre militaire justement en raison «de son absence de direction centrale et de rouages de commandement bien définis; hydre à têtes multiples, le mouvement ne peut être décapité».

Bien sûr, avoir de multiples têtes peut se révéler aussi une faiblesse, comme on l'a vu dans les rues de Washington pendant les manifestations contre la Banque mondiale et le FMI. Vers midi, le 16 avril, jour de la plus grande manifestation, on a réuni les représentants des «groupes d'affinités» qui bloquaient tous les carrefours entourant le siège social de la Banque et du FMI. Or, si les militants étaient en poste depuis six heures du matin, les délégués, venait-on d'apprendre, avaient réussi à se faufiler à l'intérieur des cordons de sécurité avant cinq heures: la plupart des porte-parole jugeaient donc opportun d'abandonner les carrefours pour rejoindre le défilé officiel à l'Ellipse. Mais là où le bât blessait, c'est que tous n'étaient pas du même avis: quelques «groupes d'affinités» voulaient essayer d'empêcher les délégués de quitter l'immeuble.

Le conseil en arriva à un compromis tout à fait symptomatique. «Écoutez, tout le monde, cria dans un porte-voix Kevin Dahaner, l'un des organisateurs. Chaque carrefour possède son autonomie. Vous voulez continuer le blocage? C'est cool. Si vous préférez venir à l'Ellipse, c'est cool aussi. À vous de décider.»

Dahaner avait trouvé une solution éminemment juste et démocratique. Toutefois, il y avait un seul petit hic: elle était d'un illogisme total. C'est grâce à une action concertée qu'on avait fermé les voies d'accès. Si on libérait quelques carrefours tout en laissant les groupes rebelles continuer leur occupation, les délégués n'auraient, à la sortie de la réunion, qu'à bifurquer à droite plutôt qu'à gauche pour trouver la voie libre. Ce qu'ils firent, bien entendu.

Le spectacle de grappes de manifestants qui partaient au petit bonheur, alors que d'autres restaient résolument assis à monter la garde – sur rien, il faut bien le dire –, me sembla offrir une belle métaphore des forces et des faiblesses du réseau militant en émergence. Il est clair que la culture de la communication qui règne sur le Net a cultivé la rapidité et la puissance aux dépens de l'esprit de synthèse. Capable de mobiliser des dizaines de milliers de personnes, pancartes en main, au même carrefour, le mouvement arrive mal à faire en sorte qu'elles formulent des revendications communes avant de monter aux barricades – ou même après.

C'est pour cette raison qu'une curieuse angoisse s'installe désormais après chaque manifestation: était-ce la dernière? À quand la prochaine? Sera-t-elle aussi réussie, aussi gigantesque? Pour garder l'élan, on se lance dans une ronde de manifestations sans fin. Je suis inondée d'invitations à des événements qu'on donne chaque fois pour le «prochain Seattle». Il y eut Windsor et Detroit le 4 juin 2000, manifestation qui visait à réduire au silence l'Organisation des États américains, et Calgary une semaine plus tard, à l'occasion du Congrès mondial du pétrole; il y eut aussi la convention du Parti républicain à Philadelphie en juillet et celle du Parti démocrate à Los Angeles en août; il y eut enfin le Sommet Asie-Pacifique du Forum économique mondial le 11 septembre à Melbourne, suivi de près par des manifestations anti-FMI le 26 septembre à Prague, sans parler du Sommet des Amériques tenu à Québec en avril 2001. Sur la liste de diffusion des manifs de Washington, on lisait le message suivant: «Où qu'ils aillent, nous irons! Après Washington, rendez-vous à Prague!» Mais est-ce bien cela que nous voulons: faire la tournée des sommets, suivre à la trace les fonctionnaires du commerce international comme s'il s'agissait des Grateful Dead?

Les limites d'une telle stratégie sautent aux yeux. Tout d'abord, on attend beaucoup trop de ces événements; les organisateurs de la manif de Washington, par exemple, ont annoncé qu'ils allaient «paralyser» deux institutions transnationales représentant 30 milliards de dollars, tout en tentant de communiquer au grand public, en proie à un engouement sans précédent pour la Bourse, des idées complexes sur les sophismes de l'économie néolibérale. Ce fut impossible, bien sûr; aucune manifestation n'y aurait suffi. Et les choses ne feront que se corser à l'avenir. C'est en raison de l'élément de surprise que les tactiques d'action directe employées à Seattle ont remporté le succès qu'on sait. La police ne s'y laissera plus prendre, elle qui est maintenant abonnée à toutes les listes d'envoi électroniques. Invoquant la nécessité de se protéger de l'essaim de manifestants, la ville de Los Angeles a réclamé quatre millions de dollars pour acheter des équipements de sécurité et engager du personnel.

Afin de mettre sur pied une structure politique permanente susceptible d'assurer la continuité du mouvement entre les manifestations, Kevin Danaher a commencé à recueillir les fonds nécessaires au fonctionnement d'un «centre de convergence permanent» à Washington. En même temps, le Forum international sur la mondialisation tient depuis le mois de mars des réunions dont l'objectif est de pondre un document d'orientation de deux cents pages d'ici la fin de l'année. Selon le directeur de l'organisme, Jerry Mander, il s'agira non pas d'un manifeste mais bien d'un ensemble de principes et de priorités, première étape de l'«élaboration d'une nouvelle architecture» pour l'économie mondiale. [*Le document, dont la publication a été reportée à plusieurs reprises, n'était toujours pas prêt au moment d'aller sous presse.*]

Tout comme les organisateurs du congrès de l'église Riverside, les auteurs de telles initiatives auront du pain sur la planche. La plupart des militants sont d'accord pour dire que le moment est venu de retourner à la table des négociations pour élaborer un plan d'action concret – mais quelle table? Et qui sera habilité à décider?

Ces questions se sont posées avec une acuité toute particulière à la fin mai, lorsque le président tchèque, Vaclav Havel, a offert ses services comme «médiateur» entre le président de la Banque mondiale, James Wolfensohn, et les militants décidés à perturber les travaux de la rencontre de Prague, prévue pour les 26, 27 et 28 septembre. Non seulement les organisateurs de la manifestation ne s'entendaient-ils pas sur l'opportunité de participer aux négociations du château de Prague, mais, pis encore, rien n'était prévu pour trancher la question : ni mécanisme permettant de désigner les membres d'une délégation de militants (quelques personnes ont proposé un vote par Internet), ni objectifs communs à la lumière desquels soupeser les avantages et les risques de l'initiative. Si le président Havel s'était adressé aux groupes qui s'occupent directement de la dette et des ajustements structurels, comme Jubilee 2000 ou 50 Years Is Enough, tout aurait été bien plus simple. En interpellant l'ensemble du mouvement comme s'il s'agissait d'une seule entité, il a plongé les organisateurs dans des luttes intestines qui ont duré des semaines.

Le problème est en partie d'ordre structurel. En règle générale, les anarchistes, qui assurent une bonne partie du travail d'organisation sur le terrain (et qui, du reste, se sont branchés sur Internet bien avant la gauche officielle), ne considèrent pas la démocratie directe, la transparence et l'autodétermination communautaire comme de lointains objectifs politiques; ils en font plutôt les fondements mêmes de leur action. En revanche, beaucoup d'ONG importantes, qui partagent en principe cette vision de la démocratie, sont régies par une organisation hiérarchique de type traditionnel : à leur tête se trouvent des dirigeants charismatiques ainsi qu'un conseil d'administration. Les simples membres, eux, se contentent de faire des dons en argent et d'applaudir depuis les lignes de touche.

Comment donc rendre cohérent un mouvement bourré d'anarchistes dont, jusqu'ici, la tactique la plus efficace a été de ressembler à un essaim de moustiques? Peut-être faut-il aborder le mouvement comme on aborde Internet : en «naviguant» entre les structures qui émergent de façon organique. Au lieu de fonder un seul parti politique, nous devrions peut-être renforcer les liens entre les «groupes d'affinités»; au lieu de viser la centralisation, peut-être faudrait-il poursuivre la décentralisation radicale.

En réalité, lorsque les critiques du mouvement lui reprochent de manquer de vision, ils déplorent que toutes ses factions n'obéissent pas à une philosophie révolutionnaire suprême, le marxisme, le socialisme démocratique, l'écologisme radical ou l'anarchie sociale, qui fasse consensus. Le diagnostic est fort juste, sauf qu'il y a plutôt lieu de s'en réjouir. En ce moment même, les aspirants leaders cernent de toutes parts les activistes anticommerciaux, guettant l'occasion de les embrigader comme fantassins de leur propre cause. À une extrémité, on trouve Michael Lerner, organisateur du congrès de l'église Riverside, qui espère rallier sous la bannière Politics of Meaning les forces qui se déchaînaient dans le désordre à Seattle et à Washington; à l'autre, il y a John Zerzan, à Eugene, en Oregon, qui ignore cet appel à la «guérison» et voit plutôt, dans les émeutes et la destruction des immeubles, les signes avant-coureurs de l'effondrement du monde industrialisé et du retour à l'«anarcho-primitivisme», utopie pré-agricole prônant un retour à la chasse et à la cueillette. Entre les deux pôles se trouvent des dizaines d'autres visionnaires, des disciples de Murray Bookchin et de sa théorie de l'écologie sociale aux marxistes sectaires convaincus que la révolution est pour demain, en passant par les fanatiques de Kalle Lasn, rédacteur en chef d'*Adbusters* (l'Anti-pub), qui prône une version édulcorée de la révolution grâce au *culture-jamming* (brouillage culturel). Enfin, mentionnons le pragmatisme borné de certains dirigeants syndicaux qui, avant Seattle, disaient se satisfaire de l'ajout de clauses sociales aux accords commerciaux déjà en vigueur.

Ce mouvement naissant, sans se laisser imposer de programme, refuse les manifestes dont on le gratifie ici ou là et continue de rechercher un mécanisme démocratique et représentatif qui permette d'approfondir la résistance. C'est tout à son honneur. Peut-être le vrai défi consiste-t-il non pas à se donner une vision, mais bien à ne pas céder à la tentation d'en adopter une à la va-vite. Si le mouvement échappe aux griffes des équipes de visionnaires en herbe, il connaîtra, à court terme, des problèmes de relations publiques. Les manifestations en série épuiseront un certain nombre de militants. Des carrefours proclameront leur autonomie. Et, oui, tels des agneaux promis au sacrifice, de jeunes militants – vêtus, dans certains cas, de véritables costumes d'agneaux – s'offriront en pâture aux railleries du *New York Times*.

Quelle importance? Déjà, le mouvement, essaim décentralisé à têtes multiples, a formé et radicalisé une génération de militants du monde entier. L'adhésion à un plan en dix points, quelle qu'en soit l'origine, peut attendre. Et si, du réseau chaotique de moyeux et de rayons que forme le mouvement, quelque chose de nouveau, quelque chose qui lui appartienne en propre, émergeait?

LOS ANGELES

RADIOSCOPIE DU MARIAGE DE L'ARGENT ET DE LA POLITIQUE

Août 2000

Le texte qui suit a été présenté à Los Angeles à l'occasion du Congrès parallèle tenu à quelques coins de rue du Staples Center, où se déroulait le congrès national du Parti démocrate. Au cours du Congrès parallèle, d'une durée d'une semaine, on a exploré des enjeux importants – la réforme du financement électoral et la lutte antidrogue, par exemple – que les grands partis états-uniens passaient sous silence. J'ai prononcé mon allocution dans le cadre d'une table ronde intitulée «Contester la suprématie de l'argent».

Dénoncer les grandes sociétés – et la façon dont elles ont envahi l'espace public et récupéré la rébellion en plus d'acheter les politiciens chargés de nous représenter – n'est plus l'apanage des critiques culturels et des universitaires. En très peu de temps, la chasse aux entreprises est devenue un sport de contact pratiqué dans le monde entier. Aux quatre coins de la terre, des militants se sont mis à dire à peu près ceci: «D'accord, on a compris. On a lu les livres, écouté les conférenciers, étudié les organigrammes tentaculaires de *The Nation*, qui montrent que tout appartient à Rupert Murdoch. Et vous savez ce qu'on en pense? Finies les lamentations. Le moment est venu de passer à l'action.»

Ces militants ont-ils eu raison des grandes sociétés états-uniennes? Non. Mais leur mouvement a déjà remporté d'éclatantes victoires. Parlez-en aux représentants de Nike. De Microsoft. De la Shell Oil. De Monsanto. De l'Occidental Petroleum. De Gap. De Phillip Morris. Ils vous le diront. Ou plutôt, ils chargeront leur tout nouveau vice-président à la responsabilité commerciale de vous le dire.

Pour emprunter l'expression de Karl Marx, nous vivons à l'ère du fétichisme de la marchandise. Dans notre culture, les marques de boissons gazeuses et d'ordinateurs font office de dieux. Ces marques nous ont donné nos icônes les plus puissantes et nos monuments les plus utopiques. Ce sont elles, et non pas les religions, les intellectuels, les poètes ou la classe politique, qui nous proposent aujourd'hui des mots et des images de notre vécu. Désormais, nous sommes tous des employés de Nike.

Pour contrer cette hégémonie marchande, s'organise peu à peu une campagne politique, aujourd'hui au stade embryonnaire, dont le but est de démystifier les biens de consommation en rappelant que telle chaussure de course n'est pas un symbole de révolte et de transcendance. C'est tout simplement un bout de caoutchouc et un bout de cuir qu'une ouvrière a cousus ensemble, et je vous dirai comment elle s'y est prise, combien elle a gagné et combien d'organisateurs syndicaux ont été congédiés pour empêcher les prix de monter. Défétichiser les biens de consommation, c'est dire que l'ordinateur Macintosh n'a rien à voir avec Martin Luther King et tout à voir avec l'émergence de cartels de l'information.

Il faut bien que les icônes très soignées de notre culture de la consommation naissent quelque part. Ce n'est qu'après avoir traversé le labyrinthe d'usines sous contrat, de filiales destinées à masquer les propriétaires réels et de systèmes de sous-traitance de la main-d'œuvre qu'on comprend enfin où les pièces ont été fabriquées, dans quelles conditions, quels groupes de pression ont déterminé les règles du jeu et quels politiciens ont été soudoyés en cours de route. Autrement dit, il s'agit de faire une radioscopie de la société de consommation, de déconstruire les icônes de l'ère du shopping et d'établir du même coup des liens viables entre les travailleurs, les étudiants, les écologistes du monde entier. Nous vivons une nouvelle vague de militantisme d'enquête et de dénonciation : joyeux mélange de Black Panthers, de Black Bloc, de situationnistes, de clowns, de marxistes et de marketing.

Et toutes ces tendances sont au rendez-vous à Los Angeles cette semaine. Dimanche, il y a eu une manifestation au Loews Hotel, lieu d'un âpre conflit de travail entre les travailleurs mal payés et la direction. Si le syndicat a choisi de défiler cette semaine devant l'hôtel, c'est justement parce que le directeur général de Loews a fait d'importants dons à la campagne d'Al Gore. Les grévistes tenaient à nous rappeler que le boom économique actuel se fait sur le dos des petits salariés, alors que nos politiciens, hommes et femmes entretenus, ferment les yeux. Plus tard, le même jour, il y a eu devant Gap un rassemblement dont le but était double : montrer tout d'abord que la compagnie a pu se payer des pubs attrayantes de *khakis* grâce à l'achat, à prix très cassés, de la production des sweatshops et, en second lieu, faire ressortir les liens entre les dons consentis à des campagnes politiques et le pouvoir de lobbying des grandes entreprises. «Quel est le passe-temps préféré du président du conseil d'administration de Gap, Donald Fisher ?» lit-on dans les dépliants. Réponse : «Acheter des politiciens.» En effet, la société s'est montrée fort généreuse en soutenant tant George Bush que Bill Bradley. Lundi, on a dénoncé Gore lui-même, grand actionnaire de l'Occidental Petroleum, société pétrolière qui, en Colombie, se trouve mêlée à un conflit sur les droits de l'homme. Elle compte faire des forages chez les U'wa, même si les membres de la tribu ont menacé de se suicider collectivement en cas de profanation de leurs terres. [*Depuis, la société a abandonné le projet.*]

On se souviendra de ce congrès parce qu'il aura contribué à révéler le mariage de l'argent et de la politique : au Congrès parallèle, bien sûr, mais aussi dans la rue, où on voyait les Billionaires for Bush (et pour Gore) se bâillonner symboliquement de faux billets d'un milliard de dollars. Des questions qui n'intéressaient, il y a peu, que quelques mordus de la politique – la réforme du financement électoral, la concentration médiatique – soulèvent maintenant les passions. Les saynètes jouées rue Figueroa ou encore les très populaires réseaux médiatiques participatifs, comme Indymedia – regroupement qui s'est approprié le sixième étage de l'immeuble où nous nous trouvons maintenant, Patriotic Hall –, s'inscrivent dans le même courant.

Avec tant de regroupements nés en quelques années à peine, comment désespérer de l'avenir ? Rappelez-vous une chose : les jeunes qui contestent le pouvoir des grandes entreprises sont justement ceux qu'on avait considérés comme irrémédiablement perdus. Leur génération a grandi sous le microscope du marketing. Ce sont ces jeunes qu'on a inondés de publicités à l'école ; eux que les voraces spécialistes des études de marché ont pourchassés sur Internet ; eux dont les sous-cultures ont été achetées et vendues en bloc ; eux qu'on a voulu convaincre qu'ils devraient aspirer à devenir millionnaires avant dix-huit ans en fondant une entreprise électronique ; eux à qui on a laissé croire qu'au lieu d'être citoyen, mieux valait être «le PDG de Me Inc.» ou, selon le slogan du moment, *a Brand Called You* («votre propre marque»). Ces jeunes-là, croyait-on, avaient du Fruitopia aux raisins dans les veines et un Palm Pilot à la place du cerveau.

Dans certains cas, c'était sans doute vrai. Mais beaucoup de jeunes ont choisi une tout autre voie. Pour favoriser l'émergence d'un vaste mouvement qui conteste la suprématie de l'argent, notre militantisme doit donc mettre l'accent sur l'action politique concrète. Mais il devra aussi, plus profondément, répondre aux besoins culturels et humains déterminés par la «marchandisation» de l'identité personnelle. Il faudra reconnaître la nécessité d'une expérience non régie par la consommation en plus d'éveiller le désir d'espaces authentiquement publics et de projets collectifs. Peut-être devrions-nous nous demander si Napster et, plus généralement, le mouvement des logiciels gratuits font partie intégrante de ce phénomène. Peut-être faudra-t-il aussi libérer des espaces déjà privatisés, comme le fait la caravane itinérante de militants baptisée Reclaim the Streets. Ce groupe organise de vastes fêtes en plein carrefour, à seule fin de rappeler que les rues ont déjà été des espaces civiques autant que commerciaux.

Le combat se livre sur plusieurs fronts. Un peu partout dans le monde, on voit des gens – militants des médias, sans-terre qui occupent des lopins laissés en friche, paysans qui refusent que les plantes et la vie fassent l'objet de brevets – lutter pour la réappropriation du patrimoine collectif.

Ici, dans cette salle, et dans les rues, on lutte aussi pour revitaliser la démocratie. Celle-ci ne se laisse ni enfermer au Staples Center ni confiner par la logique creuse des grands partis politiques, tous deux inféodés aux entreprises. Ici, à Los Angeles, le militantisme projeté sur tous les écrans du monde dès Seattle sort de son cocon. De mouvement de contestation du pouvoir des grandes entreprises, il s'est transformé en mouvement de lutte pour la libération de la démocratie.

PRAGUE

COMME SOLUTION DE RECHANGE AU COMMUNISME, LE POUVOIR DÉCENTRALISÉ VAUT MIEUX QUE LE CAPITALISME

Septembre 2000

Une chose surtout met hors d'eux les délégués de la Banque mondiale et du Fonds monétaire international réunis à Prague cette semaine : l'obligation où ils se trouvent, cette fois, de débattre des bienfaits de la mondialisation et du marché libre. Le débat était réputé clos depuis 1989, année de la chute du mur de Berlin, année de « la Fin de l'Histoire ». Pourtant, nous voici tous – des milliers de vieux et de jeunes – à prendre littéralement d'assaut les barricades de leur sommet archi-important.

Les délégués qui, par-delà les murs de leur forteresse mal gardée, scrutent la foule réunie à leurs pieds et les pancartes où on lit « Le capitalisme tue » ont l'air totalement dépassés par les événements. Ces manifestants étranges n'ont-ils rien compris ? Ne savent-ils pas que le capitalisme du marché libre est, de l'avis général, le dernier, le meilleur système ? Bien sûr, ce n'est pas parfait, et tous les délégués se préoccupent drôlement des gens pauvres et de l'écologie, mais il n'y a pas d'autre solution – pas vrai ?

Pendant très longtemps, tout se passa comme s'il n'y avait que deux modèles politiques : le capitalisme occidental et le communisme soviétique. L'effondrement de l'URSS n'a laissé en apparence qu'une seule possibilité. Les institutions comme la Banque mondiale et le FMI s'emploient sans cesse à « ajuster » l'économie des pays d'Europe de l'Est et d'Asie, imposant à tous un seul et même programme : privatisation des services, assouplissement des règlements applicables aux entreprises étrangères, affaiblissement des syndicats, fabrication massive de biens destinés à l'exportation.

On comprend donc combien il est significatif que ce soit ici, en République tchèque, qu'on prenne directement à partie l'idéologie qui régit la Banque mondiale et le Fonds monétaire international. Car ce pays a connu les deux orthodoxies économiques; les logos de Pepsi et les arches de MacDo y ont remplacé les bustes de Lénine.

Beaucoup de jeunes Tchèques que j'ai rencontrés cette semaine le disent, l'expérience concrète du communisme et du capitalisme leur a montré que les deux systèmes ont des points communs: ils concentrent le pouvoir entre les mains d'une minuscule élite et dépossèdent les citoyens de leur humanité. Là où le communisme voyait en eux de simples producteurs potentiels, le capitalisme les traite comme des consommateurs en herbe; là où le communisme a affamé leur magnifique capitale, le capitalisme l'a gavée, faisant de Prague un Disneyland de la Révolution de velours.

C'est parce qu'ils sont revenus du capitalisme comme du communisme que bon nombre d'organisateurs des manifestations de cette semaine se disent anarchistes. D'instinct, ils se sentent solidaires des paysans et des citadins pauvres des pays en voie de développement, occupés eux aussi à combattre d'immenses institutions et des bureaucraties anonymes comme le FMI et la Banque mondiale.

Le fil conducteur, c'est une critique non pas du groupe au pouvoir – l'État ou les multinationales – mais plutôt de la répartition même des pouvoirs. Cette critique repose sur la conviction suivante: puisque la proximité favorise la transparence, les décisions devraient être prises par ceux qui auront à en porter les conséquences. À la base, c'est un rejet de la culture du «Faites-nous confiance» propagée par les prétendus experts de l'heure. Pendant la Révolution de velours, les parents de nombreux jeunes anarchistes pragois ont eu la tête des dirigeants de l'époque. Leurs enfants, qui constatent que le peuple tchèque n'est toujours pas aux commandes, font désormais partie d'un mouvement mondial qui remet en cause la centralisation même du pouvoir.

À l'occasion d'une conférence sur la mondialisation qui a précédé la réunion de Prague, la physicienne indienne Vandana Shiva a affirmé que le rejet massif des projets de la Banque mondiale s'explique moins par un différend touchant tel barrage ou tel programme social que par la nécessité de défendre la démocratie locale et l'autonomie politique. «Depuis toujours, a-t-elle dit, la Banque mondiale enlève le pouvoir aux collectivités pour le confier à un gouvernement central, qui le cède à son tour aux grandes entreprises par le truchement de la privatisation. »

Les jeunes anarchistes réunis dans la salle ont hoché la tête. Elle tenait le même discours qu'eux.

TORONTO

LE MILITANTISME ANTI-PAUVRETÉ ET LE DÉBAT SUR LA VIOLENCE

Juin 2000

Comment organiser une émeute? Voilà la question à laquelle réfléchit actuellement John Clarke, membre le plus en vue de l'Ontario Coalition Against Poverty (Coalition ontarienne contre la pauvreté, ou OCAP en anglais). La semaine dernière, l'OCAP a organisé un rassemblement pour dénoncer la clochardisation galopante qui a entraîné la mort de vingt-deux sans-abri en sept mois. Lorsque la manifestation s'est transformée en bataille rangée entre des manifestants armés de briques et de planches et les policiers anti-émeute qui se ruaient sur eux à cheval, on a eu tôt fait d'accuser Clarke, en qui on voyait désormais un marionnettiste machiavélique tirant les ficelles d'une foule amorphe et imbécile.

Plusieurs syndicats ont menacé de retirer le financement qu'ils accordent au groupe anti-pauvreté, et Clarke lui-même risque d'être poursuivi au pénal pour avoir provoqué une émeute. [*On attend toujours que le procès soit instruit.*] À en croire la plupart des analystes, les manifestants n'ont pu décider spontanément de riposter lorsque des policiers à cheval ont foncé sur eux, matraques en main. Après tout, des manifestants armés de lunettes de plongée et de foulards trempés dans le vinaigre avaient forcément des intentions belliqueuses. (On oublie que cet équipement sert à se protéger du gaz lacrymogène et du gaz poivré dont use inévitablement la police en de telles occasions, comme l'ont appris à leurs dépens même les militants les plus pacifiques et respectueux de la loi.) Il fallait que quelqu'un ait orchestré la violence, ordonné aux manifestants de s'armer de briques, organisé des ateliers sur la fabrication de cocktails Molotov. Mais pourquoi Clarke aurait-il agi ainsi? Apparemment, selon la presse, pour devenir riche et célèbre.

Dans une demi-douzaine d'articles de journaux, on a signalé que John Clarke n'est pas lui-même un sans-abri, qu'il habite – quelle horreur! – un bungalow loué de Scarborough. Pis encore, tous les manifestants n'étaient pas des sans-abri non plus. Que s'imagine-t-on? Que les militants sont toujours des gens intéressés, mus par le désir de protéger la valeur de leur maison, de faire baisser leurs frais de scolarité ou grimper leur salaire? Dans ce contexte, s'exposer aux coups pour défendre ses idées sur le fonctionnement de la société est un geste suspect, voire sinistre. Aux jeunes et aux radicaux, on dit: «Taisez-vous et trouvez-vous un emploi.»

Je connais plusieurs «militants professionnels» de l'OCAP depuis des années. Certains ont commencé à lutter contre la pauvreté au sortir de l'adolescence, par l'entremise de Food Not Bombs, groupe qui croit que manger est un droit fondamental et qu'on ne devrait pas avoir à demander un permis de la ville pour nourrir les affamés.

Bon nombre de ces jeunes militants pourraient effectivement, si tel était leur désir, dénicher un emploi lucratif et quitter le minuscule appartement qu'ils habitent à plusieurs. Ils sont bourrés de ressources et bardés de diplômes, et certains d'entre eux manipulent si habilement les systèmes d'exploitation Linux qu'ils pourraient facilement compter parmi les jeunes millionnaires fondateurs d'entreprises internet.

Mais ils ont choisi une autre voie et rejeté du revers de la main le système de valeurs selon lequel la seule façon acceptable d'utiliser ses talents et ses connaissances est de les troquer contre de l'argent et du pouvoir. Ils ont choisi, eux, de mettre leurs compétences pourtant hautement monnayables au service de la décentralisation du pouvoir. Leur but? Convaincre les personnes les plus démunies de la société ontarienne qu'elles ont un pouvoir – le pouvoir de se mobiliser, de se défendre contre la brutalité et les abus, de revendiquer un abri – qu'il reste à harnacher.

La Coalition ontarienne contre la pauvreté a une seule finalité: donner des moyens aux pauvres et aux sans-abri. Et pourtant, injustice criante, on a décrit la manifestation de la semaine dernière comme le fruit des machinations d'un seul homme qui a fait des pauvres des accessoires et des pions. L'OCAP est l'un des très rares groupes anti-pauvreté à privilégier l'organisation plutôt que la simple philanthropie ou même la défense des droits. Ses militants ne voient pas les pauvres comme des bouches à nourrir ou des corps à caser dans des sacs de couchage. Ils les conçoivent tout autrement : comme un groupe d'intérêt qui a son mot à dire. Comme il est extrêmement difficile de faire en sorte que les sans-abri prennent conscience de leurs droits et se mesurent à leurs adversaires politiques, l'OCAP est souvent citée en exemple par les militants du monde entier.

Comment, en effet, mobiliser les sans-abri, les itinérants, les pauvres ? Alors qu'on rejoint les ouvriers en usine, les propriétaires fonciers dans leur quartier, les étudiants à l'université, les personnes que représente l'OCAP sont, par définition, éparpillées et toujours en mouvement. Les travailleurs et les étudiants peuvent se transformer en groupes de pression, se syndiquer et faire la grève ; les sans-abri, eux, ont déjà été rejetés par toutes les institutions dont ils pourraient éventuellement perturber le fonctionnement.

Confrontés à de tels obstacles, les autres groupes anti-pauvreté ont conclu qu'il fallait parler au nom des pauvres et des sans-abri, agir pour leur compte. Seule l'OCAP tente de donner aux pauvres un espace où ils puissent parler et agir pour eux-mêmes. C'est d'ailleurs là qu'est tout le problème : la plupart d'entre nous ne voulons ni les voir ni les entendre – la colère qui gronde dans leur voix, la rage qui gouverne leurs actions nous dérangent.

C'est pour cette raison qu'on en veut tant à John Clarke. Son crime, ce n'est pas d'avoir fomenté une émeute. C'est d'avoir refusé d'embellir la pauvreté pour le bénéfice des caméras et des politiciens. La Coalition n'exige pas de ses membres qu'ils défilent proprement et poliment, conformément au protocole. Elle ne désamorce pas la colère des mécontents, surtout lorsqu'ils sont confrontés aux policiers qui les ont battus dans une ruelle ou aux politiciens dont les lois leur ont fait perdre leur foyer.

Ni John Clarke ni l'OCAP n'ont provoqué l'émeute. Ils se sont contentés de ne pas l'arrêter.

II

LA DÉMOCRATIE EMMURÉE

À QUEL PRIX LE COMMERCE ?

Où des citoyens découvrent
que le « libre-échange »
s'attaque à leurs libertés

LA DÉMOCRATIE ENCHAÎNÉE

À QUI PROFITE LE LIBRE-ÉCHANGE?

Juin 2001

Au Sommet des Amériques d'avril 2001, tenu à Québec, le président des États-Unis, George W. Bush, a déclaré que la création d'une Zone de libre-échange des Amériques (ZLÉA) faciliterait la transition vers un «hémisphère de liberté». Établissant un lien direct entre la mondialisation et la démocratie, le président Bush a soutenu que «les gens qui œuvrent dans une économie libre finissent par réclamer une société plus libre».

La mondialisation favorise-t-elle vraiment la démocratie? Tout dépend de la manière dont on la fait. Actuellement, on se contente de confier les pouvoirs décisionnels à des institutions impénétrables et non représentatives. Pourtant, il existe d'autres options. La démocratie se choisit chez soi, comme sur la scène internationale, dans une vigilance et un souci de renouvellement de tous les instants.

Le président Bush, lui, voit les choses d'un autre œil. Comme bien des partisans du modèle économique dominant, il affirme que la démocratie est moins un choix délibéré qu'un sous-produit de la croissance économique : les marchés libres donnent naissance à des êtres libres. Si seulement la démocratie poussait dans les arbres... Malheureusement, les investisseurs ont appuyé sans sourciller des monarchies autoritaires comme celle de l'Arabie Saoudite – et des régimes communistes tout aussi autoritaires, dont celui de la Chine –, à la seule condition que leurs dirigeants ouvrent grand les marchés aux entreprises étrangères. Dans la course aux ressources naturelles et à la main-d'œuvre à bon marché, on piétine souvent les mouvements démocratiques.

Bien sûr, le capitalisme se porte à merveille dans les démocraties représentatives qui adoptent des politiques favorables à l'économie de marché, telles que la privatisation et la déréglementation. Mais qu'arrive-t-il si le choix démocratique du peuple ne fait pas le bonheur des investisseurs étrangers? Si les citoyens nationalisent les services de téléphonie, par exemple, ou reprennent en mains les ressources minérales ou pétrolières? Souvent, ils paient de leur vie de telles interventions. En 1965, le général Suharto, auteur d'un coup d'État sanglant en Indonésie, a pu compter sur la collaboration des États-Unis et de l'Europe. Roland Challis, qui était alors correspondant de la BBC en Asie du Sud-Est, affirme qu'en retour, «les entreprises britanniques et la Banque mondiale ont eu le feu vert pour s'implanter de nouveau au pays». De la même façon, en 1973, des partisans américains de la «liberté des marchés» ont orchestré le coup d'État militaire qui a renversé le président chilien Salvador Allende, pourtant démocratiquement élu, et entraîné sa mort. [*Henry Kissinger a eu alors cette remarque immortelle: on ne peut permettre à un pays «de passer au communisme en raison de l'incurie de ses habitants».*]

Lorsque, au Guatemala, le gouvernement démocratiquement élu a lancé, dans les années cinquante, une vaste campagne de réforme agraire, mettant fin au monopole de la United Fruit Company, une grande société américaine, on a bombardé le pays et chassé le gouvernement. À l'époque, les États-Unis prétendaient que le coup d'État était venu de l'intérieur; neuf ans plus tard, cependant, le président Dwight D. Eisenhower a déclaré: «Nous n'avions d'autre choix que de débarrasser le pays du régime communiste qui y avait pris le pouvoir.» Mais en règle générale, de nos jours, c'est de façon plus subtile que le marché libre entrave la démocratie. Une directive du Fonds monétaire international oblige les gouvernements à imposer des frais modérateurs aux malades, à sabrer à coups de milliards dans les services publics ou à privatiser la distribution de l'eau. La Banque mondiale annonce un jour la construction d'un énorme barrage sans que soient consultées les populations qu'il faudra déplacer et dont le mode de vie disparaîtra à jamais. Ou encore, dans le cas d'un pays fortement endetté, la Banque mondiale publie un rapport réclamant une plus grande «souplesse» du marché du travail – notamment des restrictions sur les négociations collectives – pour attirer des capitaux étrangers. [*Il arrive que l'on taxe de terroristes les travailleurs qui se mobilisent pour défendre leurs droits, auquel cas tous les moyens sont bons pour les réprimer.*]

Parfois, l'ingérence prend d'autres formes. Une entreprise de messagerie étrangère dépose une plainte auprès de l'Organisation mondiale du commerce: le fait que les services postaux nationaux appartiennent à l'État constitue de la discrimination. On livre une guerre commerciale à des pays qui ont décidé tout à fait démo-cratiquement d'interdire le bœuf aux hormones ou de mettre gra-tuitement à la disposition de leurs citoyens des médicaments pour traiter le sida. Les grandes entreprises de tous les pays réclament constamment des baisses d'impôt, brandissant l'éternelle menace d'une fuite des capitaux en cas de refus. Quelles que soient les méthodes employées, il est rare que les «marchés libres» tolèrent une véritable liberté des peuples.

Lorsqu'il est question des liens entre la mondialisation et la démocratie, nous devons nous demander si les citoyens qui ont gagné le droit d'aller aux urnes tous les quatre ou cinq ans esti-ment que les résultats du scrutin importent vraiment. Au lieu de nous contenter des manifestations extérieures d'une démocratie électorale, nous devons sonder la qualité et la profondeur de nos libertés quotidiennes. Si des centaines de milliers de personnes descendent dans la rue à l'occasion des réunions commerciales, ce n'est pas en raison d'une aversion pour le commerce. Elles en ont plutôt contre l'utilisation systématique du besoin – bien réel – d'emplois et d'investissements comme moyen de saper la démocratie. On nous propose un troc inacceptable : nos droits souverains contre un afflux de capitaux étrangers.

Ce que je déteste le plus dans cette idée que la démocratie vient par «effet de percolation», c'est qu'elle déshonore tous ceux qui se sont battus et se battent encore pour obtenir de véritables réfor-mes démocratiques, qu'il s'agisse de l'accès à une terre, du droit de vote ou de celui de se syndiquer. La démocratie est le fruit non pas de la main invisible du marché, mais du labeur acharné des gens ordinaires. On prétend souvent, par exemple, que l'Accord de libre-échange nord-américain a fait advenir la démocratie au Mexique. En réalité, ce sont les travailleurs, les étudiants, les grou-pes d'autochtones et les intellectuels radicaux qui ont su arracher peu à peu des réformes démocratiques à une élite dirigeante in-transigeante. En élargissant l'écart entre riches et pauvres, l'ALÉNA n'a fait que rendre leur lutte plus opiniâtre et plus ardue.

Au lieu de mouvements démocratiques véritables – souvent tapageurs et sources de désordre –, le président Bush offre une berceuse lénifiante : détendez-vous, et attendez que vos droits vous rattrapent. N'en déplaise aux apôtres de cette version pour pares-seux de la démocratie, la mondialisation sous sa forme actuelle n'est pas garante de liberté – pas plus que le marché libre ou l'accès aux Big Macs. La démocratie véritable – les pouvoirs décisionnels des citoyens – ne tombe en aucun cas du ciel : il faut la revendiquer.

LA ZONE DE LIBRE-ÉCHANGE DES AMÉRIQUES

LES LEADERS ONT BEAU S'ENTENDRE COMME LARRONS EN FOIRE, LE DÉBAT FAIT RAGE DANS LES RUES D'AMÉRIQUE LATINE

Mars 2001

À compter de vendredi prochain, se réuniront à Buenos Aires les ministres du Commerce des trente-quatre pays qui participent aux négociations en vue de la création de la Zone de libre-échange des Amériques. Beaucoup de Latino-Américains croient que des manifestations bien plus spectaculaires que celles de Seattle, pourtant explosives, les y accueilleront.

Les apôtres de la ZLÉA voudraient nous faire croire qu'elle fait l'unanimité, sauf dans les rangs d'une poignée d'étudiants blancs de Harvard et de McGill, incapables de comprendre que «les pauvres», eux, la «réclament à cor et à cri». Changeront-ils de cap devant l'ampleur de la résistance en Amérique latine? Soyons sérieux.

Les manifestations de masse organisées dans les pays en voie de développement n'ont aucune incidence sur les négociations commerciales dans le monde occidental. Aussi nombreux que soient les manifestants à Buenos Aires, à Mexico ou à São Paulo, les défenseurs de la mondialisation marchande répètent à l'envi que toutes les objections sortent du cerveau d'un type de Seattle aux cheveux nouvellement tressés à la mode rastafarienne, occupé à siroter un *latte*.

Lorsqu'il est question du commerce, on se demande souvent, à juste titre, qui s'enrichit et qui s'appauvrit. Cela dit, il existe une autre opposition : celle qui sépare les pays réputés posséder une culture politique variée et complexe, au sein de laquelle se côtoient des vues divergentes, de ceux qui semblent présenter au monde un front uni, monolithique.

En Amérique du Nord et en Europe, se livrent d'âpres débats sur les ratés du système commercial actuel. Et pourtant, on fait comme si, dans les pays dits du Tiers-Monde, une telle diversité d'opinions n'existait pas. On affecte de croire que les habitants de ces pays forment un bloc homogène représenté par un politicien élu grâce à des manœuvres douteuses ou, mieux, complètement discrédité, comme le Mexicain Ernesto Zedillo, qui réclame ces jours-ci une campagne internationale contre les «globophobes».

La vérité, c'est que personne ne peut parler au nom des cinq cents millions de Latino-Américains, et surtout pas M. Zedillo, lui dont la défaite, ainsi que celle de son parti, s'explique entre autres par un désaveu de l'ALÉNA. Partout dans les Amériques, la libéralisation des marchés fait l'objet de débats enflammés. Ce qui est en jeu ici, c'est non pas l'opportunité du commerce et des capitaux étrangers – l'Amérique latine et les Antilles se sont déjà regroupées en blocs commerciaux régionaux comme le Mercosur – mais la démocratie elle-même : qu'exigera-t-on en retour des pays pauvres désireux d'accéder au club sélect?

L'Argentine, qui accueille justement la réunion de négociation de l'Accord de libre-échange des Amériques prévue pour la semaine prochaine, s'est révoltée ouvertement contre les coupes sombres dans les dépenses sociales – une réduction de presque huit milliards de dollars américains sur trois ans – auxquelles il a fallu consentir pour obtenir un prêt du FMI. La semaine dernière, trois membres du cabinet ont démissionné, les syndicats ont déclenché une grève générale et les professeurs d'université ont troqué leur salle de cours contre la rue.

Dirigée au départ contre le FMI, la grogne qu'inspirent partout en Amérique latine ces mesures d'austérité draconiennes englobe désormais les accords commerciaux, comme celui qui vise à créer la Zone de libre-échange des Amériques. L'exemple du Mexique rend méfiants beaucoup de Latino-Américains. En effet, depuis l'entrée en vigueur de l'ALÉNA il y a sept ans, soit le 1er janvier 1994, les trois quarts des Mexicains vivent dans la pauvreté, le salaire réel a baissé et le chômage augmente. Et même si on prétend que les autres pays latino-américains brûlent de conclure un accord semblable, les grandes centrales syndicales du Brésil, de l'Argentine, du Paraguay et de l'Uruguay – qui représentent au total vingt millions de travailleurs – se sont prononcées contre la ZLÉA. Elles réclament que, dans chacun des pays visés par l'accord, on tienne un référendum général. [*Comme le fait aussi Lula da Silva, président nouvellement élu du Brésil.*]

Entre-temps, en guise de riposte contre le Canada, qui vient d'interdire l'importation du bœuf brésilien, le Brésil a menacé de boycotter le sommet de Québec. Alors qu'Ottawa dit vouloir protéger la santé publique, les Brésiliens croient à des représailles contre leur gouvernement, qui subventionne un fabricant d'avions à réaction. Le gouvernement du Brésil craint également que l'Accord de libre-échange des Amériques ne contienne des dispositions de protection des sociétés pharmaceutiques qui l'obligeraient à abolir son programme avant-gardiste de distribution gratuite de médicaments génériques à tous les sidéens.

Les hérauts du libre-échange nous proposent une équation facile : commerce = démocratie. À Buenos Aires, la semaine prochaine, les manifestants qui accueilleront nos ministres du Commerce soulèveront une question autrement plus complexe et plus radicale : à quel point faut-il, au nom du commerce, renoncer à la démocratie ?

« AU DIABLE LE FMI »

APRÈS AVOIR FAIT L'ESSAI DES MÉTHODES DU FMI, LES ARGENTINS VEULENT GOUVERNER À LEUR TOUR

Mars 2002

Le jour même où le président argentin, M. Eduardo Duhalde, s'empêtrait dans une énième ronde de négociations stériles avec le Fonds monétaire international, des citoyens de Buenos Aires se trouvaient mêlés à des discussions d'un tout autre genre : par un mardi ensoleillé du début du mois, ils tentaient d'éviter l'expulsion. Les habitants du 335, rue Ayacucho, dont dix-neuf enfants, se sont barricadés chez eux, à quelques coins de rue du siège du Congrès, et ont refusé d'en bouger. Sur la façade en béton, une affiche écrite à la main se lisait ainsi : *IMF Go to Hell* (« Au diable le FMI »).

On peut trouver incongrue la référence à une grande institution comme le FMI dans le contexte d'un événement privé tel que l'expulsion rue Ayacucho. Sauf que, dans un pays où la moitié des habitants vivent désormais sous le seuil de la pauvreté, il n'y a guère de secteurs dont le sort ne dépende pas, d'une façon ou d'une autre, des décisions prises par cette grande institution de crédit.

Les bibliothécaires, les enseignants et les autres travailleurs du secteur public, rémunérés depuis un certain temps en devises provinciales imprimées d'urgence, ne toucheront plus rien si les provinces arrêtent d'émettre des billets, comme le réclame le FMI. Et si, obtempérant à une autre demande du Fonds, on continue de sabrer dans le secteur public, les chômeurs, qui forment déjà près de trente pour cent de la population, risquent de perdre leur logement et de gonfler les rangs des affamés qui, par milliers, prennent d'assaut les supermarchés.

Et si on ne met pas bientôt fin à l'état d'urgence médicale décrété récemment, que deviendra la femme que j'ai rencontrée dans un quartier périphérique de Buenos Aires? Éperdue de honte et de désespoir, elle a soulevé sa blouse pour me montrer la plaie béante et les tubes qui lui restaient d'une intervention à l'estomac. À cause d'une pénurie chronique d'équipement, son médecin ne pouvait ni suturer ni panser sa plaie.

On jugera peut-être malséante l'évocation de ces histoires purement privées. Après tout, l'analyse économique est réputée s'intéresser à la parité avec le dollar, à la «pesoification» et aux dangers de la «stagflation», pas aux enfants évincés de leur foyer ni aux plaies ouvertes d'une vieille femme. Pourtant, les conseils irresponsables que, de l'extérieur, on prodigue au gouvernement argentin gagneraient à quitter le domaine de l'abstraction pure.

Les partisans de la liberté des marchés prétendent que la crise actuelle nous donne non pas des raisons de mettre fin à l'austérité, mais l'occasion rêvée d'obliger le pays, en proie à un besoin urgent de liquidités, à se livrer pieds et poings liés au FMI. «C'est justement en période de crise qu'il faut agir, puisque c'est alors que le Congrès se montre réceptif», explique Winston Fritsch, président de la filiale brésilienne de la Dresdner Bank AG.

C'est cependant de Ricardo Cabellero et Rudiger Dornbusch que vient la proposition la plus draconienne. Dans un article du *Financial Times*, les deux économistes du MIT affirment qu'«une solution radicale s'impose». L'Argentine doit, poursuivent-ils, «pendant une période assez longue, disons cinq ans, renoncer à sa souveraineté financière [...], abandonner une bonne partie de son autorité monétaire, fiscale, réglementaire et de gestion de l'actif». L'administration de l'économie nationale – «dépenses, émission de devises, administration de l'impôt» – devrait être confiée à des «agents étrangers», notamment à un «conseil d'administration formé de responsables chevronnés des banques centrales».

Justement, seul un «agent étranger» oserait recommander, à l'instar de ces messieurs du MIT, qu'on gouverne d'«une main de fer» un pays marqué par les affres d'une dictature militaire responsable, entre 1976 et 1983, de la disparition de trente mille personnes. Pourtant, semble-t-il, seule la répression permettra encore une fois de sortir le pays du mauvais pas où il se trouve: à cette fin, MM. Cabellero et Dornbusch prônent l'ouverture forcée des marchés, l'imposition d'importantes compressions budgétaires et, bien sûr, une «vaste campagne de privatisation».

La recette habituelle, quoi. Cependant, il y a un hic: tout cela, l'Argentine l'a déjà fait. Élève modèle du FMI au cours des années quatre-vingt-dix, elle a ouvert toute grande l'économie nationale (d'où, d'ailleurs, au tout début de la crise, la fuite des capitaux). Quant aux dépenses publiques, réputées extravagantes, un bon tiers des sommes est directement affecté au service de la dette extérieure. Un autre tiers est réservé aux caisses de retraite, déjà privatisées. Le tiers qui reste – dont une partie est imputée, ô miracle, à la santé, à l'éducation et à l'aide sociale – croît nettement moins vite que la population, ce qui explique les dons d'aliments et de médicaments qui arrivent d'Espagne par bateau.

Quant à la «vaste campagne de privatisation», l'Argentine s'est déjà départie de tellement de services, de la téléphonie au réseau ferroviaire, que même Cabellero et Dornbusch ne trouvent plus rien à vendre, hormis les services portuaires et la douane.

On ne s'étonnera donc pas de voir les anciens admirateurs du pays mettre son effondrement économique sur le compte de l'avidité et de la corruption de ses dirigeants. «Si un pays croit obtenir l'aide des États-Unis alors qu'il vole de l'argent, il se trompe», a dit le président Bush sur un ton sans équivoque la semaine dernière à Mexico. L'Argentine «est à l'heure des choix».

Le peuple argentin, en révolte ouverte depuis des mois contre l'élite politique, financière et juridique du pays, n'a guère besoin de sermons sur l'importance d'une saine gestion publique. Aux dernières élections fédérales, il y a eu plus de bulletins gâtés que de voix en faveur de l'un ou l'autre des candidats. Nombre d'électeurs ont inscrit eux-mêmes d'autres noms, dont le plus populaire était un personnage de bandes dessinées, Clemente: manchot, il ne peut voler.

On a du mal à croire que c'est le FMI qui viendra à bout de cette culture des pots-de-vin et de l'impunité, d'autant qu'il exige, comme condition de nouveaux prêts, que les tribunaux du pays renoncent à poursuivre les banquiers dont les retraits illégaux ont exacerbé la crise. Tant qu'on pourra attribuer les dégâts à une pathologie nationale, le FMI lui-même échappera au feu des projecteurs.

Le récit trop familier d'un pays ruiné en quête d'un «prêt d'urgence» passe d'ailleurs sous silence un fait essentiel: beaucoup d'Argentins ne veulent rien savoir de l'aide du FMI, surtout qu'ils risquent de la payer très cher. On voit de plus en plus de citoyens s'organiser pour faire contrepoids aux structures politiques nationales et au FMI.

Ainsi, des dizaines de milliers de personnes se sont regroupées en assemblées de quartier et ont établi des réseaux aux niveaux municipal et national. Sur les places, dans les parcs, au coin des rues, les voisins débattent autant des façons d'obliger les politiciens à rendre des comptes que des moyens d'agir là où ces derniers ont échoué. Il est question de mettre sur pied un «congrès des citoyens» qui réclamerait un gouvernement transparent et responsable. Tout en organisant des soupes populaires pour les chômeurs, on discute d'autres enjeux: participation du peuple à l'élaboration du budget national, réduction de la durée du mandat des élus. Le président, qui lui-même n'a pas été élu, a tellement peur de ce pouvoir politique en émergence qu'il l'a décrété «antidémocratique».

Qu'il ouvre l'œil, et le bon. Les *asambleas* cherchent aussi des moyens de stimuler l'industrie locale et de renationaliser les biens collectifs. Pourquoi d'ailleurs s'arrêter en si bon chemin? Puisque les professeurs du FMI ont manqué à tous leurs engagements face à celle qui fut longtemps leur pupille docile, l'Argentine, loin de devoir quémander des prêts, serait en droit d'exiger des réparations.

Le FMI a eu sa chance de gouverner l'Argentine. Au tour du peuple maintenant.

NON À LA DÉMOCRATIE LOCALE

QUAND LES CITOYENS S'OPPOSENT À UN ACCORD COMMERCIAL LUCRATIF, LES MULTINATIONALES PASSENT À L'ATTAQUE

Février 2001

À ceux qui n'ont toujours pas compris pourquoi la police, en prévision de l'annonce de la création de la Zone de libre-échange des Amériques, s'affaire à transformer la ville de Québec en Bastille des temps modernes, je recommande l'étude d'une cause actuellement instruite par la Cour suprême de la Colombie-Britannique. En 1991, Metalclad, entreprise américaine de gestion des déchets, achète une usine désaffectée de traitement de déchets toxiques située à Guadalcazar, au Mexique, dans l'intention d'y créer un immense site d'enfouissement de déchets dangereux, et s'engage à nettoyer les dégâts laissés par les anciens propriétaires. Au cours des années qui suivent, l'entreprise agrandit le dépotoir sans demander l'autorisation de la ville, s'attirant ainsi les foudres de la population.

Convaincus désormais que Metalclad n'a pas l'intention d'assainir le site, les gens du coin, craignant la contamination des eaux souterraines, se décident enfin à chasser cette entreprise étrangère. En 1995, année de l'ouverture prévue de la décharge, la ville et l'État brandissent toutes les armes à leur disposition : la première refuse d'accorder un permis de bâtir à Metalclad, le second décrète que l'endroit se trouve au cœur d'une réserve écologique.

Tout cela est survenu après l'entrée en vigueur de l'Accord de libre-échange nord-américain (ALÉNA), dont le très controversé chapitre 11 permet aux entreprises de poursuivre les gouvernements en justice. Metalclad a donc entrepris une contestation judiciaire, alléguant que le Mexique tentait de l'«exproprier». Au mois d'août dernier, à Washington, D.C., un conseil spécial d'arbitrage

64

composé de trois membres a entendu la cause; Metalclad, qui réclamait quatre-vingt-dix millions de dollars américains, s'est vu adjuger 16,7 millions. Recourant à un mécanisme peu usité d'appel interjeté par un tiers, le Mexique a décidé de porter la cause devant la Cour suprême de la Colombie-Britannique.

Cette cause apporte de l'eau au moulin de ceux qui prétendent que les accords de libre-échange sont plutôt des «déclarations des droits des multinationales». Metalclad a joué avec brio les victimes opprimées par ce que l'ALÉNA considère comme une «ingérence» – ce qu'on appelait jadis la «démocratie».

Comme le montre aussi l'affaire Metalclad, la démocratie sort ses griffes là où on s'y attend le moins. Parfois, les habitants d'un village endormi ou d'une ville qui avait baissé la garde se rendent soudain compte que l'incurie des élus les oblige à intervenir. Ils créent alors des groupes communautaires et prennent d'assaut les réunions du conseil municipal. Et parfois, c'est la victoire : abandon d'une mine dangereuse, refus de la cession de la distribution de l'eau au secteur privé, échec d'un projet de décharge publique.

Souvent, c'est lorsque tout est déjà joué, ou presque, que le public sort de sa torpeur et fait révoquer une décision. Ce type d'intervention citoyenne imprévisible gêne et sème la zizanie – mais c'est ainsi que, malgré les tentatives de bâillonnement, la démocratie surgit parfois en pleine réunion du conseil municipal ou d'un comité délibérant à huis clos.

C'est justement une intervention démocratique de ce genre que le conseil spécial d'arbitrage chargé d'entendre la cause de Metalclad a qualifiée d'«arbitraire», d'où la vigilance générale qui s'impose. Dans un régime de commerce qu'on dit pourtant «libre», les gouvernements n'ont plus la capacité d'écouter le public, d'apprendre de leurs erreurs et de les corriger avant qu'il ne soit trop tard. Selon Metalclad, le gouvernement mexicain n'avait qu'à faire fi des objections du public. Du point de vue des investisseurs, mieux vaut évidemment négocier une entente avec un seul palier de gouvernement qu'avec trois.

Malheureusement pour eux, le fonctionnement de nos démocraties est tout autre : des questions comme l'élimination des déchets relèvent de tous les ordres de gouvernement, puisqu'elles ont une incidence non seulement sur le commerce, mais aussi sur la qualité de l'eau potable, la santé, l'écologie et le tourisme. D'ailleurs, c'est avant tout au niveau local qu'on vit les conséquences des politiques de libre-échange.

On demande aux villes d'accueillir autant les paysans chassés de leurs terres par l'industrialisation du secteur agricole que les travailleurs évincés de leur province à la suite de compressions dans les programmes d'emploi du gouvernement fédéral. C'est aux villes aussi qu'il revient de dénicher un abri pour ceux que la déréglementation des loyers a privés d'un logement. Et quand la privatisation connaît des ratés, ce sont encore les municipalités qui paient les pots cassés − avec une assiette fiscale qui rétrécit comme une peau de chagrin. Les grands accords commerciaux se négocient au niveau international, mais ce sont les gens du coin qui trinquent.

Pour contrer ce délestage de responsabilités, les élus municipaux commencent à réclamer un accroissement de leurs pouvoirs. Le mois passé, citant en exemple la décision Metalclad rendue à Washington, le conseil municipal de Vancouver a adopté une résolution invitant le gouvernement fédéral à «refuser de signer tout nouvel accord commercial ou d'investissement, comme [...] l'Accord de libre-échange des Amériques, qui contiendrait des dispositions de règlement de conflits entre un investisseur et un État semblables à celles de l'ALÉNA». Lundi dernier, les maires des plus grandes villes du Canada se sont concertés pour réclamer des pouvoirs accrus. «Dans la Constitution de la fin du XIXe siècle, dont nous tirons nos pouvoirs, [*les villes*] sont mentionnées entre les saloons et les asiles d'aliénés; on peut donc les tenir pour quantité négligeable tout en leur confiant de lourdes responsabilités», a affirmé Joanne Monaghan, présidente de la Fédération canadienne des municipalités.

Si on n'accorde pas aux villes des pouvoirs décisionnels proportionnés à leurs nouvelles responsabilités, elles deviendront de simples dépotoirs où s'accumuleront les retombées toxiques du libre-échange. Quelquefois, comme à Guadalcazar, les déchets s'empilent au grand jour.

Dans la plupart des cas, toutefois, tout se fait à notre insu.

[En mai 2001, la Cour suprême de la Colombie-Britannique a confirmé la décision du conseil spécial d'arbitrage de l'ALÉNA, et en octobre de la même année, le Mexique a versé à Metalclad plus de 16 millions de dollars américains.]

LA GUERRE CONTRE LES SYNDICATS

AU MEXIQUE, LES EMPLOYÉS D'USINE EXIGENT QUE NIKE TIENNE PROMESSE

Janvier 2001

Marion Traub-Werner était en visite dans sa famille, à Toronto, lorsqu'elle a reçu l'appel : à Mexico, huit cents travailleurs du vêtement avaient débrayé. Quelques heures plus tard, elle descendait de l'avion et se mettait à discuter avec les grévistes.

Aux yeux de Traub-Werner, cette grève constituait un cas d'espèce. «C'était celle que nous attendions», dit-elle. Dans l'usine en question, on fabriquait des pulls d'entraînement portant l'insigne des universités du Michigan, de l'Oregon, de l'Arizona, de l'Indiana et de la Caroline du Nord. Son principal client : Nike, qui produit des vêtements de sport pour le compte de ces universités et quantité d'autres.

Depuis cinq ans, Marion Traub-Werner figure parmi les principaux organisateurs du mouvement étudiant anti-sweatshop, actuellement en plein essor. Avec d'autres, elle a fondé un groupe nord-américain, United Students Against Sweatshops, présent désormais dans plus de 175 campus universitaires. Dans la guerre qui oppose étudiants et fabricants de vêtements, la bataille la plus spectaculaire est celle livrée au géant du matériel sportif, Nike.

Au cœur du litige se trouve la question de savoir qui devrait réglementer et surveiller les usines qui fabriquent des vêtements de sport frappés à l'insigne d'une université, marché dont la valeur s'élève à 2,5 milliards de dollars américains.

Depuis le début du conflit, Nike dit pouvoir régler le problème sans aide : à preuve, la société s'est donné un code de conduite rigoureux et elle est membre de la Fair Labor Association, créée par l'ex-président des États-Unis, Bill Clinton. De plus, elle charge des cabinets de comptables de s'assurer que les sept cents usines où se fabriquent les produits Nike jouent le jeu. [*L'argument selon lequel les cabinets de comptables ont avec les entreprises dont elles vérifient les états financiers une relation d'impartialité a perdu des plumes depuis le scandale Enron-Andersen.*]

Les étudiants rejettent cette option; on ne peut faire confiance à une entreprise pour se surveiller elle-même, affirment-ils. Ils recommandent plutôt l'adhésion de leur collège ou de leur université au Workers' Rights Consortium, qui prône la surveillance des entreprises par une instance de contrôle réellement indépendante.

Les non-initiés ont cru assister à quelque obscure guerre des sigles : la FLA contre le WRC. Mais à l'usine de confection Kuk-Dong, située à Atlixco, au Mexique, le conflit vient de prendre un visage humain. Kuk-Dong était l'une des usines modèles de Nike; à plusieurs reprises, des surveillants engagés par la société l'ont visitée.

Aujourd'hui, les étudiants vont rendre publique la cassette vidéo d'une entrevue avec une employée de l'usine Kuk-Dong; ce témoignage accablant révèle, disent-ils, des infractions au code de conduite de Nike. Sur la bande, que j'ai visionnée hier, une jeune Mexicaine parle de son salaire de misère et de la faim dont elle souffre; elle dit que, malade, elle n'a pu prendre congé. Interrogée sur son âge, elle répond : «J'ai 15 ans.»

Le code de conduite de Nike précise qu'on n'engagera que des personnes âgées de 16 ans et plus. Réplique de la société : cette ouvrière a dû présenter de faux documents au moment de son embauche. S'il est indéniable que les faux sont monnaie courante au Mexique, les jeunes ouvriers, eux, affirment souvent que les agents de recrutement de l'entreprise les ont poussés à mentir.

Le cas de l'usine Kuk-Dong donne aussi d'autres raisons de douter des méthodes de surveillance de l'entreprise. Nike prétend que tous ses travailleurs jouissent du droit d'association, et lorsque j'ai interviewé hier Vada Manager, son responsable des questions internationales, il a tenu à répéter que «Nike ne s'oppose pas aux syndicats».

Mais les ouvriers disent que lorsqu'ils ont voulu se débarrasser du «syndicat maison» qui ne défendait pas leurs intérêts, cinq de leurs délégués syndicaux, parmi les plus militants, ont été licenciés. (Les syndicats dits «de boutique», qui sont de mèche avec la direction, abondent au Mexique, où on considère que les syndicats indépendants font fuir les capitaux étrangers.)

Mardi dernier, débrayage général pour protester contre le licenciement des délégués syndicaux: abandonnant leur machine à coudre, huit cents personnes occupent l'usine. Comme le dit une organisatrice remerciée de ses services, Josephina Hernandez: «Nous revendiquons le remplacement du syndicat fantoche par un syndicat indépendant formé de travailleurs de l'usine.»

Encore une fois, ce fut la catastrophe. Jeudi, la brigade anti-émeute, dirigée par le président du syndicat maison, est entrée en trombe dans l'usine, mettant fin à la manifestation: les policiers ont battu des ouvriers, dont une quinzaine ont dû être hospitalisés. L'attaque a été si brutale qu'environ deux cents personnes, craignant les représailles de la direction, ont décidé de ne plus retourner à l'usine, malgré la fin de la grève. De toute évidence, le droit d'association, que garantissent aussi bien la loi mexicaine que le code de conduite de Nike, n'existe pas à l'usine Kuk-Dong.

Selon Vada Manager, la dernière commande de Nike à l'usine de Kuk-Dong – des pulls d'entraînement en molleton – a été remplie en décembre. L'entreprise se fondera sur les recommandations de son «médiateur sur place» pour décider de l'opportunité de confier d'autres commandes à cette usine.

Les employés et les étudiants qui militent côte à côte au Mexique réclament une autre façon de faire. Au lieu de retirer ses billes pour sauver la face, disent-ils, Nike doit rester et prouver que son code de conduite, c'est du solide. «Nous voulons que Nike pousse Kuk-Dong à négocier directement avec les travailleurs de l'usine, dit Marion Traub-Werner. Cette approche à long terme donnera des résultats autrement plus durables.»

[Les travailleurs de l'usine Kuk-Dong ont entamé une grève de la faim, et Nike a fini par convaincre la direction de reprendre les grévistes. En septembre 2001, les employés se sont vu reconnaître le droit de fonder un syndicat indépendant. Aux dires de l'organisme états-unien de défense des droits de l'homme, Global Exchange, c'est une première «grande victoire», un précédent qui encouragera peut-être les employés d'autres usines mexicaines à s'engager sur la même voie.]

LES FRUITS DE L'ALÉNA

APRÈS SEPT ANS, LES CHIFFRES DESTINÉS À NOUS CONVAINCRE DES MÉRITES DE L'ACCORD NE DISENT PAS TOUT

Avril 2001

J'ai écrit le texte qui suit en réponse à un article publié dans le Globe and Mail par l'ancien Premier ministre du Canada, Brian Mulroney, qui a conclu tant l'Accord de libre-échange canado-américain que l'Accord de libre-échange nord-américain, qui intègre également le Mexique. Dans son article, M. Mulroney prône l'élargissement de l'ALÉNA à l'ensemble de l'hémisphère (c'est la «Zone de libre-échange des Amériques» qu'on propose par ailleurs). S'il faut agir ainsi, poursuit M. Mulroney, c'est que l'ALÉNA n'a apporté que des avantages aux trois pays qu'il vise. Au moment de la publication de son texte, la ville de Québec s'apprêtait à accueillir le Sommet des Amériques, réunion au cours de laquelle trente-quatre chefs d'État allaient lancer la ZLÉA. Des activistes des trois Amériques organisaient des contre-manifestations de masse.

Brian Mulroney est convaincu que les chiffres lui donnent raison. Fier, il fait état de la proportion du produit intérieur brut du Canada que représentent les exportations vers les États-Unis : quarante pour cent! Le nombre d'emplois créés par le commerce : quatre sur cinq! Sans oublier les bienfaits de l'accord pour le Mexique, deuxième partenaire commercial des États-Unis après le Canada... Voilà les chiffres qui, selon l'ancien Premier ministre, confirment sans équivoque la valeur des accords de libre-échange qu'il a conclus avec les États-Unis d'abord, avec le Mexique par la suite.

M. Mulroney n'a toujours rien compris : loin d'être ses amis, les chiffres sont ses pires ennemis. De plus en plus de gens s'opposent ouvertement au libre-échange, justement parce que la richesse privée monte en flèche sans rien apporter au bien

70

public. Si nous critiquons l'accord, ce n'est pas parce que nous ignorons combien rapporte le libre-échange – nous ne le savons que trop.

Certes, on peut montrer, chiffres à l'appui, que les exportations et les investissements ont grimpé. Mais les «effets de percolation» promis pour nous faire avaler la déréglementation – assainissement de l'environnement, augmentation des salaires, amélioration des conditions de travail, réduction de la pauvreté – sont insignifiants, voire inexistants.

Le bilan des accords parallèles sur le travail et l'environnement annexés à l'Accord de libre-échange nord-américain n'est pas plus reluisant. En 1981, quarante-neuf pour cent des Mexicains vivaient dans la pauvreté; la proportion est aujourd'hui de soixante-quinze pour cent.

Le commerce a beau créer des emplois au Canada, il ne suffit pas à compenser les emplois supprimés. En 1997, le Centre canadien de politiques alternatives déplorait la perte nette de 276 000 emplois.

Selon une étude de l'université Tufts, la pollution industrielle a doublé au Mexique depuis l'entrée en vigueur de l'ALÉNA. Et en matière de lutte contre le changement climatique, les États-Unis font désormais figure de renégat; ils ont en effet renié leur adhésion au protocole de Kyoto. L'unilatéralisme triomphant, luxe ultime à l'ère du libre-échange, est l'apanage des ultrariches.

On invoque mille prétextes pour expliquer pourquoi la richesse créée par le libre-échange reste toujours au sommet de la pyramide : la récession, le déficit, la crise du peso, la corruption politique et, maintenant, la nouvelle récession qui se profile à l'horizon. Tous les prétextes sont bons pour accorder un nouvel allègement fiscal au lieu de bonifier les programmes sociaux ou d'assainir l'environnement.

M. Mulroney n'a pas compris qu'il n'y a que les économistes pour adorer dans l'abstrait la création de la richesse et que seuls les richissimes la fétichisent, en font une fin en soi. Les autres s'intéressent plutôt aux avantages que peut nous procurer cette augmentation du commerce et des investissements. Se traduira-t-elle par la refonte de notre système de soins de santé? Serons-nous en mesure d'éliminer comme promis la pauvreté infantile, d'améliorer l'éducation, de construire des logements abordables? Aurons-nous les moyens de rechercher des sources d'énergie moins polluantes? Commençons-nous à travailler moins, à jouir de plus de moments libres? Autrement dit, la société d'aujourd'hui est-elle meilleure, plus juste, plus solide que celle d'avant le libre-échange?

C'est tout le contraire qui s'est produit.

Comme M. Mulroney a eu l'amabilité de l'admettre, «le libre-échange fait partie d'un tout qui comprend la Taxe sur les produits et services (TPS), la déréglementation, la privatisation et des efforts concertés en vue d'abaisser le déficit, l'inflation et les taux d'intérêt». Voilà les mesures internes à s'imposer si l'on veut jouer au commerce mondial avec les grands. Leur effet conjugué garantit par ailleurs que la prospérité tant vantée par M. Mulroney laissera intacts les problèmes réels: le plafonnement des salaires, les disparités économiques et la crise écologique, de plus en plus aiguë.

À nier tout lien entre croissance économique et grands indicateurs du progrès social, on prépare inévitablement une crise de confiance. Les roseaux pensants que nous sommes se mettent à poser des questions difficiles non seulement sur le commerce, mais aussi sur les mesures économiques du progrès et de la valeur. Pourquoi ne pas mesurer les déficits écologiques au même titre que la croissance économique? Quel est le coût social véritable – en compressions du budget de l'éducation, en augmentation du nombre de sans-abri – des politiques dont parle M. Mulroney?

Voilà le genre de questions dont on débattra à Québec cette semaine. Elles viendront de militants comme le Français José Bové, exploitant d'une ferme laitière qui s'oppose, non pas à McDonald's, mais à un modèle agricole qui fait des aliments une simple denrée industrielle plutôt que le pivot de la culture nationale et de la vie de famille. Elles viendront de travailleurs du domaine de la santé, soucieux de dénoncer un régime commercial qui attache plus d'importance aux brevets des sociétés pharmaceutiques qu'à la vie de millions de malades. Elles viendront des étudiants d'université, qui paient chaque année davantage pour accéder à l'éducation «publique», alors que les universités sont envahies par la pub et que la recherche se privatise à grands coups de subventions d'entreprises.

Si les partisans du libre-échange balaient du revers de la main la revendication «Les gens avant les profits», qu'ils jugent trop floue, il n'en reste pas moins que le slogan traduit à merveille l'esprit des campagnes qui convergeront d'ici peu sur Québec. Ceux qui affirment qu'il faut créer la Zone de libre-échange des Amériques séance tenante se fondent sur un dogme inébranlable selon lequel ce qui est bon pour les entreprises est bon pour tous – ou le sera un jour. Même si cet argument spécieux était fondé, on ne pourrait se permettre d'attendre. Selon le gouverneur de la Banque du Mexique, il faudra, au rythme actuel de la croissance économique, soixante ans pour doubler le revenu par habitant et pour mettre fin à l'extrême indigence que connaît ce pays.

Les protestataires, eux, affirment que la dignité humaine et la protection de l'environnement sont trop importantes pour qu'on se contente de les attendre patiemment, comme on attend, après avoir prié, la pluie qui mettra fin à la sécheresse. Au lieu d'être des «effets secondaires» tardifs, elles devraient sous-tendre nos politiques économiques.

Heureusement, même si on les presse de le faire, les protestataires refusent d'adopter une solution «taille unique» pour faire contrepoids au libre-échange : ils défendent plutôt le droit des peuples à la véritable diversité et à l'autodétermination. Il existe mille solutions plutôt qu'une, mille solutions qui, peu à peu, convergeront pour donner naissance à un nouveau modèle économique. À Cochabamba, en Bolivie, on affirme haut et fort que l'eau est non pas un produit mais un droit fondamental, même s'il faut pour cela chasser le conglomérat international Bechtel. En Colombie-Britannique, les Premières Nations et les collectivités rurales non autochtones réclament, au lieu de l'octroi de nouveaux permis d'exploitation forestière aux multinationales, la cession aux administrations locales de la gestion de «forêts communautaires», selon un modèle mixte qui fait place à la coupe sélective, au tourisme et à l'industrie locale. Au Mexique et au Guatemala, on crée des coopératives de producteurs de café qui préservent la diversité écologique tout en permettant aux travailleurs de gagner convenablement leur vie.

Certains partisans du libre-échange disent que les manifestants de Québec, s'ils étaient sérieux, se trouveraient de l'autre côté de la clôture destinée à protéger les délégués, laquelle divise littéralement la ville : ils devraient s'asseoir gentiment à la table pour négocier des accords parallèles en matière de travail, de démocratie et d'environnement.

Treize ans après l'entrée en vigueur de l'Accord de libre-échange canado-américain, on dénonce, non pas les détails de la nouvelle entente hémisphérique (qui n'ont pas encore été divulgués), mais le modèle économique qui le sous-tend; en effet, les chiffres «n'arrivent pas».

Avec le tact exquis qui le caractérise, le Premier ministre Jean Chrétien a dit au *Devoir* la semaine dernière que des milliers de personnes allaient se rassembler à Québec pour «protester et bla-bla-bla».

En réalité, c'est tout le contraire. Si les gens se rendent à Québec, c'est qu'ils en ont marre du «bla-bla-bla» qu'on leur sert trop souvent.

POST-SCRIPTUM : LES SÉQUELLES DU 11 SEPTEMBRE

L'article qui suit a été rédigé huit mois après le Sommet de Québec. Je l'inclus ici parce que les attentats de New York et de Washington ont montré, plus clairement que jamais, les sacrifices qu'on doit consentir sur l'autel du commerce.

Au nom de la «lutte antiterroriste», les États-Unis exigent du Canada qu'il resserre ses frontières et en cède le contrôle, dans une large mesure, à des agents de sécurité américains. Le moins qu'on puisse dire, c'est que le Canada n'est pas en position de force : libre-échange oblige, quatre-vingt-sept pour cent de nos exportations sont destinées aux États-Unis et près de cinquante pour cent de notre économie dépend de l'accès au marché américain.

Beaucoup de Canadiens croient qu'une certaine intégration des frontières est le prix à payer pour protéger nos relations commerciales avec les États-Unis, dont la valeur s'élève à sept cents milliards de dollars par année. Mais les Américains ne se contentent pas de nous obliger à abdiquer le contrôle de nos frontières ; ils exigent aussi que nous consacrions à ce dossier une partie du surplus accumulé grâce à des années d'austérité économique. En effet, le «budget de la sécurité» présenté le 10 décembre par le ministre des Finances, Paul Martin, affecte 1,2 milliard de dollars à la protection des frontières. Il s'agit certes de défendre le Canada contre le terrorisme, mais il faut bien voir aussi qu'on instaure là une nouvelle forme de subvention gouvernementale pour les multinationales.

Or, si les Canadiens ont accepté qu'on sabre dans les soins de santé, l'assurance-chômage et d'autres programmes sociaux, c'est parce qu'on leur avait juré que les mesures d'austérité attiraient les capitaux étrangers. Il ne s'agissait pas de troquer les programmes sociaux contre le libre-échange, nous ont dit les auteurs de ces mesures ; au contraire, seul le libre-échange pouvait garantir la prospérité nécessaire à la refonte des programmes sociaux.

Mais voilà que rien ne va plus : au moment même où les Canadiens s'imaginaient que leur nouvelle prospérité allait permettre de créer des programmes, ils apprennent que le surplus budgétaire ne servira pas à protéger les gens. Il est destiné plutôt à protéger le commerce, à «garder les frontières ouvertes», comme l'a dit M. Martin.

Ainsi, les dividendes du commerce transfrontalier sont affectés au bon fonctionnement de la frontière elle-même, destinée à devenir une super-frontière qui combat les terroristes tout en permettant la libre circulation des biens. Nous allons avoir «la frontière la plus moderne du monde», a déclaré M. Martin, enthousiaste. Voilà donc le fruit de tant d'années de sacrifices financiers : à défaut d'une société meilleure, nous allons avoir une frontière vraiment formidable.

On prévoit la création d'un système de contrôle à plusieurs niveaux qui barrera la route aux «indésirables» sans entraver le commerce. La tâche sera ardue, puisque la migration des gens et . la circulation des biens vont souvent de pair.

C'est pour cette raison que le projet de Paul Martin d'ouvrir et de fermer la frontière en même temps coûte si cher : 395 millions de dollars pour étudier les dossiers des réfugiés et des immigrants, 58 millions de dollars pour faciliter le passage des grands voyageurs d'affaires, 500 millions de dollars pour sévir contre les immigrants illégaux, 600 millions de dollars sur six ans pour accroître le débit, et ainsi de suite.

Mesurons bien toute l'ironie de la situation : le libre-échange devait réduire le coût des passages transfrontaliers et favoriser, par voie de conséquence, l'investissement. À l'heure actuelle, nous dépendons tellement du commerce transfrontalier (et les États-Unis doutent tellement de notre capacité d'autoréglementation) que nous devons débourser des centaines de millions de dollars d'argent neuf uniquement pour assurer la circulation des biens.

Autrement dit, les coûts que devaient assumer autrefois les entreprises sous forme de tarifs et de droits d'exportation et d'importation sont maintenant refilés aux contribuables. La frontière, qui devait nous apporter la prospérité, se transforme en véritable gouffre.

Annette Verschuren, présidente des magasins Home Depot au Canada, a accueilli favorablement le nouveau budget. «Nos frontières garantissent notre approvisionnement en biens, et plus le temps de transit est court, plus faibles sont nos coûts», a-t-elle déclaré.

Les nouveaux coûts de la sécurité sont-ils le prix inévitable de la stabilité économique? Peut-être. La question devrait pourtant préoccuper les politiciens favorables à l'application de l'Accord de libre-échange nord-américain à l'ensemble de l'hémisphère.

Ce qu'on nomme la «liberté des échanges» a déjà grugé nos programmes sociaux et compromis notre droit souverain de fixer notre politique en matière d'immigration et d'accueil des réfugiés. Voilà qu'elle va nous coûter de surcroît des milliards de dollars en dépenses liées à la sécurité. Peut-on à tout le moins arrêter de parler de «liberté»?

LE LONG DE LA FRONTIÈRE, LES CLÔTURES SONT DE PLUS EN PLUS HAUTES

ALORS QUE LES BIENS CIRCULENT LIBREMENT, ON ENTRAVE LA MOBILITÉ DES TRAVAILLEURS MIGRANTS

Novembre 2000

Lorsque, la semaine dernière, Betty Granger, candidate de l'Alliance canadienne, parti de droite, a utilisé l'expression «invasion asiatique», on a cru à un retour de la rhétorique du «péril jaune» qui a marqué la Deuxième Guerre mondiale, et Granger a dû démissionner. Mais son discours contenait une autre perle, qui est passée presque inaperçue. Faisant référence à des bateaux remplis d'immigrants chinois arraisonnés le long de la côte de Colombie-Britannique, elle a dit: «On a compris que ceux qui descendent de ces bateaux ne constituent pas une clientèle idéale pour le Canada.»

«Clientèle»: le mot n'a pas la même connotation xénophobe qu'«invasion asiatique». Il a plutôt une résonance clinique. Mais il est peut-être plus dangereux encore, d'autant que la notion de «clientèle» ne se limite pas aux éléments les plus extrémistes de l'Alliance canadienne; au contraire, elle se trouve au cœur du débat national sur l'immigration.

Au Canada, pays riche, nous parlons souvent des travailleurs migrants comme de «clients»; notre pays, doté d'un système public de soins de santé et d'un marché du travail relativement florissant, est le produit que ces clients rêvent de s'offrir. Et puisque des millions d'immigrants sont à la recherche d'un foyer, nous pouvons nous permettre de nous demander, à l'instar de Betty Granger, s'il s'agit ou non d'une «clientèle idéale».

«Betty Granger a dit tout haut ce que beaucoup de gens pensent tout bas, à tort, c'est-à-dire que les immigrants viennent ici pour se faire servir», dit Fely Villasín, coordonnatrice du groupe Intercede, qui défend les droits des employés de maison, des aides familiaux et des nouveaux arrivants en général.

Il faut bien voir que les mouvements migratoires de masse ne sont pas une forme raffinée de shopping; si tant d'habitants de la planète recherchent un nouveau foyer, c'est en raison des politiques de libre-échange mises en place par nos gouvernements. Les gens qui hypothèquent leur avenir pour se payer une place à bord d'un rafiot rouillé ne sont pas à la recherche de quelque chose de plus tendance; ils s'y risquent parce que des changements survenus dans leur pays d'origine les ont privés de leur travail ou de leur terre, en somme parce qu'ils n'ont pas le choix.

Parfois, c'est la guerre ou un ouragan qui est en cause. Mais il y a aussi des mutations moins dramatiques, comme la perte d'un lopin converti en plantation industrielle ou en usine de produits destinés à l'exportation, ou encore inondé pour faire place à un barrage géant. La semaine dernière, Nelson Mandela a présenté un rapport sur les retombées mondiales des barrages géants, projets que la Banque mondiale considère traditionnellement comme la première étape obligée vers l'intégration à l'économie planétaire. Dans le rapport, publié par la Commission mondiale des barrages, on signale une augmentation vertigineuse des flux migratoires – la construction du seul barrage des Trois Gorges, en Chine, entraînera le déplacement de 1,2 million de personnes.

Les paysans chassés de leur terre par la construction d'un barrage ou par d'autres projets de développement affluent vers les villes, ou encore ils montent à bord d'un bateau à destination d'un autre pays. Le Canada revendique de nouveaux débouchés pour ses sociétés d'énergie, et tous les Canadiens se font complices de ces vastes déplacements de population, conséquence directe de la mondialisation néolibérale.

Mais les travailleurs migrants, qui seraient de soixante-dix à quatre-vingt-cinq millions sur la planète, ne sont pas qu'un effet secondaire caché du libre-échange. Une fois déplacés, ils arrivent sur le marché libre non pas comme des clients, mais comme des produits. Ils vendent alors la seule chose qui leur reste : leur force de travail.

Notre gouvernement, nous dit-on, tient à ce que, en matière de commerce international, tous les pays soient sur un pied d'égalité. Après avoir appuyé la création de l'Organisation mondiale du commerce, nous sommes devenus les maîtres d'œuvre de l'entrée de l'Amérique centrale et de l'Amérique du Sud dans la Zone de libre-échange des Amériques. Les entreprises étrangères, soutenons-nous mordicus, doivent être traitées exactement comme les nôtres : pas de subventions déloyales aux industries locales, pas de règlements supplémentaires, pas de modalités contraignantes à l'investissement.

Mais quand ce sont les travailleurs qui transitent d'un pays à l'autre, ces protections et ces principes s'envolent en fumée. Chaque année, environ deux cent mille travailleurs migrants arrivent au Canada pour gagner leur croûte dans des secteurs sous-payés : ménage, couture, garde d'enfants à domicile, travail agricole. Et pourtant, notre gouvernement a carrément refusé d'entériner la Convention internationale sur la protection des droits de tous les travailleurs migrants et des membres de leur famille, qui les aurait défendus contre la discrimination.

Il a préféré adopter le Programme concernant les aides familiaux résidants, qui instaure un traitement inéquitable des aides ménagères et des bonnes d'enfants vivant chez leur employeur. Ce programme oblige les immigrantes à travailler à temps plein pendant vingt-quatre mois sur une période de trois ans, sans accès au statut d'immigrant reçu ni aux droits dont bénéficient les autres travailleurs. Ce n'est que si elles travaillent assez longtemps qu'elles peuvent demander le statut de résident. Autrement, on les renvoie dans leur pays.

Parce qu'elles habitent sous le toit de leur employeur, ces femmes sont fréquemment obligées de faire des heures supplémentaires non payées; l'exploitation sexuelle est également monnaie courante. Mais comme il leur faut un emploi pour rester au pays, la plupart d'entre elles ne portent pas plainte.

À entendre les grandes entreprises adapter à leurs fins, et sans sourciller, le langage des droits de la personne, on pense à Orwell : ainsi, Wal-Mart et Exxon, qui font transiter des marchandises d'un pays à l'autre, exigent un «traitement juste et équitable» et des «clauses de non-discrimination». Au même moment, les êtres humains sont de plus en plus traités comme des marchandises sans le moindre droit.

Betty Granger a dit que les migrants qui cherchent à s'établir au Canada n'étaient pas une «clientèle idéale». En fait, les Canadiens eux-mêmes sont les «clients» de leur travail bon marché : nous l'achetons et le consommons dans nos foyers, nos fermes, nos restaurants et nos usines. Ce n'est que lorsque nous aurons reconnu que nous nous adonnons déjà au libre-échange des personnes – au lieu d'ouvrir généreusement nos frontières aux démunis de ce monde – que les immigrants jouiront de la protection, droit fondamental entre tous.

ADOPTER – ET VIOLER – LES RÈGLES

MONSIEUR LE PREMIER MINISTRE, CE N'EST PAS LA MONDIALISATION QUE NOUS COMBATTONS; LES VRAIS INTERNATIONALISTES, C'EST NOUS

Octobre 2001

Monsieur Guy Verhofstadt, président de l'Union européenne et Premier ministre de la Belgique, a écrit une «lettre ouverte» aux «antimondialistes» en septembre 2001. «Vos inquiétudes en tant qu'antimondialistes sont correctes, lit-on dans cette lettre. Mais pour apporter de bonnes réponses à vos questions légitimes, il nous faut plus, et pas moins, de mondialisation. C'est là que réside le paradoxe de l'antimondialisation. La mondialisation est à double tranchant. Il nous faut dès lors une approche globale et éthique, à la fois de l'environnement, des rapports professionnels et de la politique monétaire. En d'autres termes, ne pas freiner la mondialisation, mais l'encadrer éthiquement, tel est le défi.»

Devant le débat houleux qu'a suscité cette lettre, le Premier ministre Verhofstadt a convoqué à Gand, en Belgique, la Conférence internationale sur la mondialisation. Invitée, avec d'autres conférenciers, à répondre à sa lettre, Naomi Klein a présenté, dans une forme quelque peu abrégée, ce qui suit.

Le texte intégral de la lettre du Premier ministre belge en version française se trouve à l'adresse suivante: http://premier.fgov.be/topics/press/ f_press23.html.

Monsieur le Premier ministre Verhofstadt,

Merci de votre lettre aux «antimondialistes». Vous avez lancé un débat public de la plus haute importance. Il faut bien le dire, les chefs d'État, depuis quelques années, nous ont habitués à une tout autre attitude: ou bien ils balaient nos objections du revers de la main en nous traitant comme des bêtes de foire, ou bien ils

80

nous convient à des négociations à huis clos sans aucun mécanisme de reddition de comptes.

J'en étais venue à penser que les critiques de la mondialisation
avaient à choisir entre deux maux : la marginalisation et la récupération. En fait, j'oubliais la criminalisation. Trois choix s'offrent
donc à eux. Entre le gaz lacrymogène et les déclarations ronflan-
tes, les débats véritables – où s'expriment en toute liberté des
visions du monde opposées – brillent par leur absence.

Peut-être, Monsieur le Premier ministre, jugez-vous que peu
de manifestants antimondialisation ont répondu à votre appel.
En réalité, beaucoup d'entre eux ne nous reconnaissent pas,
nous qui l'avons fait, comme leurs représentants. Ils en ont assez
d'en voir d'autres parler en leur nom et à leur place, et ils réclament une forme de participation politique plus directe.

Il n'y a pas de consensus non plus sur ce que représente notre mouvement. Pour ma part, je m'oppose fortement au terme
«antimondialistes», que vous utilisez dans votre lettre. Selon ma
vision des choses, je fais partie d'un réseau de mouvements qui,
plutôt que de combattre la mondialisation, luttent pour obtenir
une démocratie mieux enracinée et plus près du peuple, aux
niveaux local, national et international. Notre réseau est aussi
mondial que le capitalisme lui-même. Et même si vous prétendez
le contraire, ce fait n'a rien de paradoxal.

Il faut à tout prix cesser de s'imaginer que le respect des
principes fondamentaux que sont l'internationalisme et l'inter-
connexion – auxquels seuls les technophobes et les nationalistes
frileux s'opposent désormais – exige l'adoption d'un modèle économique particulier, du reste hautement contesté. Nous ne dou-
tons nullement des bienfaits de l'internationalisme. Au contraire,
tous les militants que je connais sont d'ardents internationalistes.
Le problème, c'est qu'on instaure, partout au monde, un modèle
économique unique : le néolibéralisme.

Nous ne pourrons tenir de véritables débats, comme celui
d'aujourd'hui, qu'à condition de reconnaître que le modèle qui
porte aujourd'hui le nom de «mondialisation» constitue non pas
une étape obligée de l'évolution humaine, mais bien un processus éminemment politique, c'est-à-dire une série de choix
délibérés, ouverts à la discussion et révocables régissant la manière dont se fera la mondialisation.

S'il règne une grande confusion autour du mot «mondialisation»,
c'est entre autres parce que le modèle économique néolibéral fait
du commerce l'infrastructure suprême de l'internationalisme,

plutôt qu'un simple élément de celui-ci. Peu à peu, ce modèle récupère tout le reste – la culture, les droits de l'homme, l'environnement, la démocratie même – et le subordonne au seul commerce.

S'en prendre au modèle néolibéral, c'est contester non pas les mérites du commerce transfrontalier des biens et des services, mais l'emprise de plus en plus marquée des grandes sociétés partout dans le monde. C'est dénoncer la dilapidation des biens collectifs – réduits, privatisés, déréglementés sans cesse – à laquelle on procède sous prétexte de soutenir la concurrence internationale. À l'OMC, au lieu d'édicter des règles commerciales, on élabore le patron d'un gouvernement «taille unique», une sorte de *McRule*. C'est ce modèle que nous refusons.

Depuis le 11 septembre, aux États-Unis, les hôpitaux, les bureaux de poste, les aéroports et les réseaux de distribution de l'eau se trouvent aux prises avec une menace terroriste qui exploite les failles du secteur public. Parmi les millions de travailleurs qui perdent leur emploi, il en est beaucoup qui font un douloureux constat : le filet de sécurité sociale a été démantelé, sacrifié lui aussi sur l'autel du commerce. Au Canada, compromission ultime, nous troquons le contrôle de nos frontières contre le maintien du libre-échange avec les États-Unis.

Si des centaines de milliers de personnes défilent dans les rues devant les immeubles où se déroulent les grandes réunions commerciales, ce n'est pas parce qu'elles s'opposent au commerce. C'est plutôt que le besoin de commerce et d'investissements, tout à fait légitime en soi, est utilisé systématiquement comme moyen de saper les fondements mêmes de l'autonomie nationale. «Gouvernez à notre façon ou vous serez laissés pour compte» : voilà ce que, à l'ère néolibérale, on nomme «multilatéralisme».

À mesure qu'apparaissent clairement les lacunes du modèle économique néolibéral, sommes-nous à même d'apprendre de nos erreurs, de mesurer ce modèle à l'aune de ses propres objectifs et de nous demander si nous avons trop sacrifié sur son autel? Il semble bien que non. Depuis le 11 septembre, aux États-Unis et dans le reste du monde, nos élus poursuivent comme un seul homme la politique habituelle : baisses d'impôt pour les sociétés et privatisation des services galopante.

Parmi les grandes questions à l'ordre du jour de la prochaine réunion de l'Organisation mondiale du commerce, prévue pour le mois prochain [*novembre 2001*], figure l'Accord général sur le commerce des services, accord parallèle grâce auquel les entreprises privées resserrent leur mainmise sur les services publics, dont les soins de santé, l'éducation et l'eau. L'accord compromet également la capacité des gouvernements d'adopter et de faire respecter des normes en matière de santé et d'écologie.

Pourtant, le commerce est une nécessité, direz-vous, surtout pour les pays pauvres; or qui dit commerce dit règles d'encadrement. Certes. Mais qu'est-ce qui nous empêche de nous donner une architecture internationale fondée sur les principes de la transparence, de la responsabilisation et de l'autodétermination, une architecture qui affranchit les gens au lieu de libérer le capital?

Pour y parvenir, on devrait faire respecter les droits de l'homme, garants de l'autodétermination, par exemple le droit de créer des syndicats indépendants sous l'égide de l'Organisation internationale du travail (OIT). Il faudrait libérer la démocratie de ses chaînes : la dette, les programmes d'ajustement structurel, les privatisations forcées. Il faudrait aussi, comme on le promet depuis longtemps, mettre en œuvre la réforme agraire et indemniser les descendants des esclaves. De façon générale, il faudrait veiller à l'élaboration de règles internationales qui font de la démocratie et de l'habilitation plus que des vœux pieux.

Sans doute serez-vous d'accord avec moi sur ce point, Monsieur le Premier ministre. En fait, en lisant votre lettre, j'ai été frappée par la coïncidence entre les buts que vous dites poursuivre et les nôtres. Vous revendiquez «une approche globale et éthique, à la fois de l'environnement, des rapports professionnels et de la politique monétaire». Moi aussi. Mais si nous sommes tous d'accord, pourquoi nous réunir ici? Quelles sont les questions qui restent à régler?

Ce dont il faut discuter à tout prix, hélas, faute de quoi les sommets ne pourront jamais se dérouler dans le calme, ce sont les résultats concrets. Il faut juger les actes, pas les mots. Pas les bonnes intentions, qui ne font jamais défaut d'ailleurs, mais la réalité, toujours plus cruelle : la stagnation des salaires, l'augmentation vertigineuse de l'écart entre riches et pauvres et l'érosion, partout dans le monde, des services essentiels.

Malgré une rhétorique de l'ouverture et de la liberté, ce sont des clôtures qui s'élèvent, toujours plus hautes, toujours plus nombreuses : autour des centres de réfugiés aménagés en plein désert australien, autour de deux millions de citoyens américains incarcérés. Des clôtures qui transforment en forteresses des continents entiers – notamment l'Europe et l'Amérique du Nord –, tandis que l'Afrique est exclue. Sans parler, bien sûr, des clôtures qu'on érige chaque fois que les chefs d'État se réunissent.

La mondialisation devait être synonyme d'ouverture et d'intégration, et pourtant, nos sociétés sont de plus en plus fermées, de plus en plus contrôlées. Le simple maintien du statu quo inégalitaire exige toujours plus de sécurité et de force militaire.

La mondialisation devait aussi entraîner dans son sillage une nouvelle égalité des nations, qui toutes, disait-on, s'entendraient pour respecter les mêmes règles. Mais plus que jamais, il est évident que les grandes puissances s'arrogent le droit de faire les règles et de veiller seules à leur application. Souvent, qu'il s'agisse de subventions à l'agriculture et à l'industrie sidérurgique ou de taxes à l'importation, elles s'arrangent pour les imposer aux autres pays tout en s'y soustrayant elles-mêmes.

Impossible donc de faire abstraction des inégalités et des asymétries qui couvent toujours sous la cendre. Les nombreux pays qui ont traversé, ou traversent actuellement, une crise économique – la Russie, la Thaïlande, l'Indonésie et l'Argentine, pour ne nommer que ceux-là – auraient préféré, à l'austérité que leur a imposée le FMI, les grandes mesures d'urgence déployées pour sauver l'économie états-unienne. Le gouverneur de la Virginie a justifié les baisses d'impôt et les subventions en déclarant qu'on n'avait pas affaire à une «banale récession». Mais qu'est-ce qui distingue un ralentissement extraordinaire, qu'on combat à grands coups de stimulants économiques, d'un autre considéré comme «banal», qui n'appelle, lui, que l'austérité et les thérapies de choc?

Parmi les cas récents de «deux poids, deux mesures» les plus criants, mentionnons celui des brevets pharmaceutiques. Selon les règles de l'Organisation mondiale du commerce, un pays peut, lorsqu'une urgence nationale le justifie, déroger au brevet d'un médicament susceptible de sauver des vies. Et pourtant, lorsque le gouvernement sud-africain a cherché, en invoquant cette disposition, à obtenir des médicaments contre le sida, les grandes sociétés pharmaceutiques l'ont menacé de poursuites; pour avoir voulu en faire autant, le Brésil s'est retrouvé devant les tribunaux de l'OMC. Ainsi, des millions de malades ont compris que leur vie avait moins de prix que les brevets pharmaceutiques, moins de prix que le remboursement de la dette; bref, qu'on n'avait pas les moyens de les sauver. La Banque mondiale dit désormais vouloir miser sur la prévention plutôt que sur la guérison, ce qui revient à condamner des millions de personnes à une mort certaine.

Et pourtant, au début du mois en cours, le Canada a décidé de déroger au brevet de Bayer pour Cipro, antibiotique de choix pour le traitement de la maladie du charbon. Notre gouvernement a commandé un million de comprimés d'un produit générique. «Nous vivons une époque extraordinaire et inhabituelle, a déclaré une porte-parole de Santé Canada. Les Canadiens exigent que leur gouvernement prenne toutes les mesures nécessaires à la protection de leur santé et de leur sécurité.» Mentionnons qu'on n'a pas encore diagnostiqué, au Canada, un seul cas de maladie du charbon.

Même si le gouvernement a fait marche arrière par la suite, Bayer ayant baissé ses prix, on voit bien la logique en jeu: les règles, croient les pays riches, c'est pour les autres. Ce qui distingue désormais les nantis des défavorisés, c'est la soumission de ces derniers à la théorie économique abstraite. Les pays riches et puissants, semble-t-il, suivent les règles quand bon leur semble, alors que les pays pauvres doivent respecter intégralement la doxa économique en s'abandonnant pieds et poings liés à l'idéologie du marché libre, que ses créateurs eux-mêmes ignorent lorsqu'elle ne fait pas leur affaire. Les pays pauvres qui subordonnent les exigences des investisseurs étrangers aux besoins de leurs citoyens sont vilipendés: des protectionnistes, voire des communistes, dit-on. Et pourtant, à l'époque de la Révolution industrielle, la Grande-Bretagne avait mis en place des politiques protectionnistes si draconiennes qu'on ne pouvait enterrer un mort sans avoir au préalable prouvé que le linceul était de fabrication britannique.

Quel rapport y a-t-il entre les brevets et le débat d'aujourd'hui? C'est que, trop souvent, on affirme que les inégalités persistent et s'aggravent en raison de caractéristiques propres à certains pays, ou bien parce que nous n'avons pas encore trouvé les bonnes règles, voire la formule magique. On fait comme si les inégalités étaient le fruit d'un oubli aux proportions cosmiques, ou encore une simple anomalie dans un système qui, à ce détail près, fonctionne à merveille. La question du pouvoir n'est jamais abordée. Beaucoup de débats sur la théorie de la mondialisation portent en réalité sur le pouvoir: qui le détient, qui l'exerce, qui l'occulte en faisant semblant que la question ne se pose plus.

Mais il ne suffit plus d'affirmer, armé uniquement de bonnes intentions, que la justice et l'égalité sont à nos portes. Nous

sortons à peine d'une période de très grande prospérité économique, et c'est justement pendant ces années d'expansion et
d'abondance qu'il aurait fallu s'attaquer aux contradictions fondamentales du modèle économique dominant. Or nous vivons
maintenant une période de repli, et on exige, de ceux qui ont
déjà trop donné, des sacrifices toujours plus grands.

Croit-on vraiment nous amadouer en proposant, comme remède à tous les maux, encore plus de commerce? En prônant
une protection plus rigoureuse des brevets pharmaceutiques
et en intensifiant le rythme des privatisations? Les auteurs de
la mondialisation moderne font penser à des médecins qui
n'auraient dans leur trousse qu'un seul médicament. Quel que
soit le mal – la pauvreté, la migration, les changements climatiques, les dictatures, le terrorisme –, le remède est toujours le
même : davantage de commerce.

Monsieur le Premier ministre, nous ne combattons pas la
mondialisation. En fait, notre mouvement lui-même se mondia-
lise à vue d'œil. C'est d'ailleurs à cause de la mondialisation que
le système actuel est en crise. Nous sommes trop renseignés. Il
y a trop de communication, trop d'échanges à la base, pour que
se maintiennent les écarts d'aujourd'hui. Car un fossé sépare les
riches des pauvres, la rhétorique de la réalité, les mots des actes;
entre les promesses que fait miroiter la mondialisation et ses effets réels, il y a justement un monde. Il est temps de combler le
fossé.

LE MARCHÉ ENGLOUTIT LES BIENS COLLECTIFS

Où les citoyens n'ont pas accès à des aliments sûrs,
à de l'eau potable et à un logement abordable,
et où le marketing récupère l'anticapitalisme

LE RIZ GÉNÉTIQUEMENT MODIFIÉ

LES RELATIONS PUBLIQUES, ÇA NE NOURRIT PAS SON HOMME

Août 2000

«Chaque année, ce riz pourrait sauver la vie d'un million d'enfants». Voilà le titre-choc paru en couverture du magazine *Time* la semaine passée. Ce nouveau produit fin prêt à commercialiser, c'est le riz doré, génétiquement modifié pour produire plus de bêta-carotène, élément qui aide le corps à fabriquer de la vitamine A. Partout en Asie, des millions d'enfants souffrant de malnutrition accusent une carence en vitamine A susceptible d'entraîner la cécité, voire la mort.

Pour lancer ce présumé remède miracle, AstraZeneca, l'entreprise qui détient les droits de commercialisation du riz doré, propose d'en mettre gratuitement à la disposition des paysans pauvres de pays comme l'Inde, où les espèces génétiquement modifiées ont fait jusqu'ici l'objet d'une farouche résistance.

Il est possible que le riz doré puisse améliorer l'état de santé de millions d'enfants. Là où le bât blesse, toutefois, c'est qu'il est impossible de séparer ce puissant appel aux émotions (qui repose du reste sur des données scientifiques limitées) du contexte politique troublé qui l'a vu naître.

Les aliments génétiquement modifiés, accueillis d'abord par des gouvernements complaisants et un public indifférent, cristallisent désormais, un peu partout, des angoisses diverses, liées autant à la sécurité alimentaire qu'au financement de la recherche scientifique par les grandes entreprises, en passant par la privatisation de la culture. Les adversaires des OGM affirment que les normes de vérification actuelles négligent les liens complexes qui unissent entre elles toutes les formes du vivant. En laboratoire, les fèves de soja génétiquement modifiées, par exemple, peuvent sembler d'une grande innocuité. Mais qu'en sera-t-il en milieu naturel? On ignore quelle incidence aura leur dispersion sur les mauvaises herbes qui les entourent, les insectes qui s'en nourrissent et, en raison de la pollinisation croisée, les autres cultures.

À voir leurs adversaires s'en prendre à leurs marques plutôt qu'aux études scientifiques qu'elles citent à l'appui, les entreprises agroalimentaires ont été prises au dépourvu. En effet, très tôt, les activistes ont arrêté une stratégie qui consistait non pas à critiquer l'ensemble de l'industrie, mais à cibler les supermarchés et les fabricants d'aliments emballés qui vendaient de la «Frankenbouffe».

Leur image de marque ternie, les supermarchés britanniques ont retiré des produits des rayons; des entreprises comme Gerber et Frito-Lay ont renoncé aux ingrédients génétiquement modifiés. Aux États-Unis et au Canada, Kellogg et les soupes Campbell sont dans la ligne de mire des écologistes, qui parodient leurs logos jalousement protégés et leurs coûteuses campagnes publicitaires.

Dans un premier temps, les entreprises agroalimentaires ne savaient pas sur quel pied danser. Elles avaient beau déclarer que leurs produits ne nuisaient pas à la santé, rien ne leur permettait de prétendre à des avantages nutritionnels. Les consommateurs se disaient alors: pourquoi courir le risque? D'où le rôle du riz doré. AstraZeneca est désormais en mesure d'invoquer des bénéfices concrets – sans parler d'une marque crédible, arme de première nécessité dans la guerre commerciale.

En effet, comme toute marque puissante, le riz doré éveille un irrésistible sentiment de bien-être. Tout d'abord, justement, il est doré: comme une carte or, un golden retriever, un coucher de soleil. Deuxièmement, à la différence des autres aliments génétiquement modifiés, il a été non pas épissé à d'horribles gènes de poisson, mais plutôt fusionné avec des jonquilles lumineuses. Cela dit, avant de crier sur tous les toits que le génie génétique sauvera les pauvres de ce monde, il semble sage de se demander à quel problème le riz doré répond. Est-ce la crise de la malnutrition qui préoccupe l'entreprise, ou la crise de confiance à l'égard de la biotechnologie?

La vérité – ce qu'on ne dit pas, en fait –, c'est que nous sommes *déjà* en mesure de sauver plus d'un million d'enfants par année sans modifier irrévocablement la composition génétique des cultures vivrières de base. Sauf que la volonté politique n'est pas au rendez-vous. On l'a vu très clairement au sommet du Groupe des

Huit à Okinawa, où, tour à tour, les plus grands pays industrialisés ont rejeté des propositions concrètes destinées à réduire la pauvreté dans les pays en voie de développement. Comme on a pu le lire dans le *Globe and Mail*, ils ont «dit non à une proposition du Canada visant à augmenter de dix pour cent l'aide au développement, rejeté l'idée du Japon de créer un fonds du G-8 pour combattre les maladies infectieuses et refusé l'ouverture de leurs marchés aux produits agricoles en provenance des pays en voie de développement au cours des quatre prochaines années.» Ils n'ont pas non plus adopté «un nouveau projet visant à alléger de cent milliards de dollars américains la dette des pays les plus pauvres». [*Plus révélateur encore, le Sommet de juin 2002 de l'Organisation pour l'alimentation et l'agriculture (FAO) des Nations Unies, tenu à Rome, s'était donné un objectif ambitieux: réduire de moitié, d'ici 2015, le nombre de personnes souffrant de la faim dans le monde, les faisant passer de huit cents millions à quatre cents millions. Pourtant, des chefs d'État des vingt-neuf pays les plus riches, deux seulement ont assisté au Sommet, dont le leader italien, qui se trouvait déjà sur place.*]

De la même façon, quelques mesures toutes simples permettraient d'éliminer la carence en vitamine A, mais on persiste à les ignorer. Il existe déjà des programmes qui encouragent les paysans à cultiver, sur de petits lopins de terre, des légumes riches en vitamines de toutes sortes. Fait ironique, ces programmes (qui n'ont pas l'appui des organismes internationaux) ne visent pas la création d'un nouvel aliment tendance, sorti tout droit de la science-fiction. Leur but est plutôt de réparer les dégâts provoqués par la prétendue «panacée» qu'ont vendue aux pays en voie de développement les entreprises et les gouvernements occidentaux, il y a quelques années.

En effet, au cours de ce qu'il est convenu d'appeler la «révolution verte», on a poussé les petits paysans à délaisser la culture d'aliments variés, destinés à leur famille et à la collectivité locale, au profit d'une production industrielle réservée à l'exportation; une monoculture à haut rendement, pratiquée à grande échelle. Beaucoup de paysans, aux prises avec la volatilité des prix de leurs récoltes et criblés de dettes envers les fournisseurs de semences, ont perdu leur terre et rallié la ville. Entre-temps, à la campagne, les gens souffrent de malnutrition grave alors que poussent tout autour d'eux des cultures industrielles: bananes, café, riz. Pourquoi? Parce que dans le régime alimentaire des

enfants comme dans les champs, la diversité a fait place à la mo-
notonie : midi et soir, on ne mange qu'un bol de riz blanc.

Qu'en est-il de la solution proposée par les géants de l'agro-
alimentaire ? Il ne s'agit nullement de remettre en question la
monoculture et de remplir ce bol de protéines et de vitamines.
D'un autre coup de baguette magique, ils veulent plutôt donner
au bol blanc une belle couleur dorée.

LA POLLUTION GÉNÉTIQUE

PUISQUE LES SEMENCES MODIFIÉES SONT PORTÉES PAR LE VENT, IL SERA BIENTÔT IMPOSSIBLE D'ÉTIQUETER CERTAINS ALIMENTS «SANS OGM»

Juin 2001

Dans les allées de l'immense supermarché Loblaws, entre les sauces Souvenirs de Kobé et les nouilles Souvenirs de Singapour (deux produits de la marque maison Le Choix du Président), on trouve une primeur : des aliments biologiques à l'étiquette noircie au crayon feutre. Ces emballages portaient encore récemment la mention «sans organismes génétiquement modifiés», mais la plus importante chaîne d'épiceries du pays vient de décider que cette appellation n'aura plus cours dans ses magasins.

Du point de vue du marketing, cette décision semble à première vue illogique. Après tout, lorsqu'on a commencé, en Europe, à protester contre la «Frankenbouffe», des chaînes telles que Tesco et Safeway se sont adaptées en un tournemain, ajoutant à leurs produits, comme le réclamaient leurs clients, les mots «sans OGM». Le lancement par Loblaws d'une gamme de produits naturels, Le Choix du Président biologique, semblait aller dans le même sens. Dans ses publicités, Loblaws se targuait d'offrir des produits certifiés biologiques «ne contenant aucun organisme génétiquement modifié».

Puis, la semaine dernière, volte-face : non seulement Loblaws ne garantit plus que ses produits ne contiennent aucun OGM, mais il interdit à quiconque d'offrir une telle garantie. Selon les dirigeants de l'entreprise, on ne peut savoir si un aliment donné en contient ou non – c'est tout simplement trop compliqué.

Plus de quatre-vingt-dix pour cent des Canadiens sondés disent vouloir des étiquettes les prévenant, le cas échéant, des manipulations génétiques qu'on a fait subir au produit. Toutefois, Galen Weston, président de Loblaw Companies, nous a servi une mise en garde : «Il y aura un prix à payer.» D'où le coup de crayon feutre noir : si Loblaws vend des produits biologiques garantis «sans OGM», comment expliquer qu'il passe sous silence leur présence dans d'autres aliments (alors que soixante-dix pour cent des aliments canadiens en contiennent)? La solution est plutôt draconienne : au lieu d'offrir aux consommateurs au moins une partie des informations qu'ils réclament, Loblaws ne leur en fournira aucune.

Cette décision n'est tout de même qu'une petite salve dans la guerre que livre l'industrie agroalimentaire au libre choix des consommateurs – non seulement au Canada, mais potentiellement dans le monde entier. Même si trente-cinq pays ont adopté ou adopteront sous peu des lois obligeant les fabricants à signaler la présence d'OGM dans leurs produits, l'industrie semble faire l'impossible pour rendre ces étiquettes européennes et asiatiques aussi caduques que celles, noircies, de chez Loblaws. Comment? En polluant si vite que les lois elles-mêmes seront bientôt dépassées.

Donnons un exemple : parmi les entreprises forcées d'enlever leurs étiquettes, on trouve Nature's Path, fabricant d'aliments biologiques de Delta, en Colombie-Britannique. Plus tôt ce mois-ci, le président, Arran Stevens, a dit au *New York Times* que des éléments génétiquement modifiés avaient bel et bien envahi certaines cultures biologiques : «Dans des champs de maïs biologique cultivés depuis dix ou quinze ans, on trouve des traces d'OGM. Aucune clôture ne peut empêcher leur dispersion.»

Or, si certains producteurs d'aliments biologiques songent à poursuivre le secteur biotechnologique pour contamination, la jurisprudence semble aller dans le sens contraire. En Saskatchewan, lorsque Monsanto a vu ses semences de canola génétiquement modifiées et brevetées tomber de camions ou être portées par le vent vers les champs d'un fermier local, Percy Schmeiser, elle lui a fait un procès. Chaque fois que les semences modifiées prenaient racine dans ses champs, a affirmé Monsanto, Schmeiser commettait un vol. Les tribunaux ont donné raison à l'entreprise ; il y a deux mois, le cultivateur a été condamné à verser 20 000 dollars canadiens, plus les frais de justice, à Monsanto.

Le cas de contamination le plus connu est celui du maïs Starlink. Quand cette culture génétiquement modifiée (approuvée pour les animaux mais considérée comme impropre à la consommation humaine) s'est retrouvée dans certains aliments,

Aventis, titulaire du brevet, a proposé une solution : au lieu de rappeler le maïs, pourquoi ne pas autoriser sa consommation par les humains ? Autrement dit, on modifie la loi en fonction de la contamination.

Partout au monde, les consommateurs revendiquent plus de pouvoirs politiques : ils veulent trouver au supermarché des produits biologiques, mais aussi des étiquettes les prévenant, le cas échéant, de la présence d'OGM. Et pourtant, au même moment, les géants de l'agroalimentaire – forts de lois complaisantes sur la propriété intellectuelle – soumettent les cultures à la loi de la pollinisation croisée, de la contamination et de la pollution ; la situation sera bientôt si embrouillée que le législateur n'aura peut-être d'autre choix que de baisser les bras. Comme le dit le critique du secteur de la biotechnologie Jeremy Rifkin : « Leur espoir, c'est de nous mettre devant le fait accompli de la contamination. »

Un jour, en train de grignoter nos aliments génétiquement modifiés façon biologique Valeurs naturelles[MD], nos tacos Star-Link décrétés propres à la consommation humaine et notre saumon d'élevage mutant, nous aurons peut-être la nostalgie de l'époque où nous choisissions ce que nous mangions. Peut-être les magasins Loblaws, toujours à humer l'air du temps, lanceront-ils même un nouveau produit : « Souvenirs du libre-arbitre ».

LES AGNEAUX SACRIFICIELS
DE LA FIÈVRE APHTEUSE

EN EUROPE, L'ABATTAGE DU BÉTAIL VISE
LA STABILISATION DES MARCHÉS PLUTÔT QUE
LA PROTECTION DE LA SANTÉ PUBLIQUE

Mars 2001

Lorsque les talibans détruisent des statues du Bouddha vieilles de deux mille ans, nous les condamnons à juste titre. Quelle barbarie, disons-nous, à l'ère moderne, de sacrifier encore des images sur l'autel de la pureté religieuse. Et pourtant, alors qu'on bombarde les bouddhas en Afghanistan, l'Union européenne se livre à son propre rituel purificatoire quasi biblique : l'immolation de dizaines de milliers de bêtes offertes en sacrifice aux dieux voraces de l'économie libérale. La comparaison, lorsque je l'ai entendue pour la première fois de la bouche de l'écologiste allemand Mathias Greffrath, m'a semblé franchement exagérée. Si on ravageait ainsi les campagnes européennes, c'était sûrement pour protéger la santé publique, et non pour faire grimper la valeur marchande de la viande ou garantir l'accès aux marchés étrangers.

En Grande-Bretagne, plus de cinquante mille bêtes ont été abattues, et une dizaine de milliers d'autres sont aussi promises à la mort. En Allemagne, où je me suis rendue cette semaine, on a détruit mille cinq cents agneaux. Rien ne prouvait qu'ils avaient été contaminés – il y avait seulement un risque qu'ils aient été exposés à la fièvre aphteuse.

Ces mesures visent en partie à protéger la santé, mais elles obéissent aussi à d'autres motifs. La fièvre aphteuse ne présente pas un grand risque pour les humains et ne se transmet pas par les aliments. Chez l'animal, la maladie se guérit rapidement grâce aux médicaments et à la quarantaine, puis se prévient au moyen de la vaccination. C'est plutôt sur le marché que la maladie fait des ravages. Et pour rétablir la foi ébranlée, le marché exige des gestes d'exception.

Que l'on ne s'y méprenne pas : on assiste actuellement, en Europe, au procès d'un système. Lorsqu'un virus hautement contagieux comme celui de la fièvre aphteuse apparaît dans la chaîne alimentaire, ce sont toutes les étapes qui mènent des champs à la table qui se trouvent soudain remises en question. Des euphémismes tels qu'«intégration», «uniformisation» et «agriculture intensive» revêtent soudain des connotations plus sinistres.

La nécessité où on se trouve tout à coup de s'interroger sur l'innocuité de chaque bouchée fait tomber le masque rassurant de l'emballage, révélant sous un jour cru les réalités de la production agricole : fermes-usines et abattoirs géants, entrepôts gigantesques, chaînes de supermarchés et de restaurants-minute, grandes distances franchies par le bétail et par la viande, dans des camions ou des bateaux surchargés, en transit dans ce réseau d'élevage industriel.

De plus en plus, on semble, en Europe, vouloir faire le procès de ces tyrans que sont les «économies d'échelle» qui régissent chaque étape de la production, de la distribution et de la consommation des aliments. Partout, même manège : on réduit les coûts grâce à l'intégration et à l'expansion, puis on use de son influence pour obliger les fournisseurs à céder. Non seulement cette façon de faire nuit-elle aux petits producteurs tout en réduisant la diversité des aliments, mais en plus, en ce qui concerne la maladie, elle constitue une véritable bombe à retardement. En raison de la concentration, les virus se répandent rapidement à de grands troupeaux; avec la mondialisation, ils se transportent ensuite aux quatre coins de la planète.

Voilà pourquoi le ministre allemand de l'Agriculture envisage l'octroi de nouvelles subventions qui aideraient vingt pour cent des fermes du pays à passer à l'élevage biologique. Voilà aussi pourquoi le Premier ministre britannique, Tony Blair, évoque timidement la possibilité de desserrer l'emprise des grandes chaînes de supermarchés. Voilà enfin pourquoi les partisans convaincus des aliments génétiquement modifiés passent sans doute un mauvais quart d'heure.

Cette nouvelle panique alimentaire pourrait bien offrir aux adversaires du génie génétique l'occasion dont ils rêvent. Après tout, le danger immédiat que posent les cultures génétiquement modifiées vient des croisements entre graines manipulées portées par le vent et graines non manipulées. Cette menace subtile et invisible à la biodiversité n'est toutefois pas de nature à mobiliser les foules. C'est pour cette raison que des groupes écologistes comme Greenpeace ont insisté davantage sur les risques potentiels pour la santé publique ; plus accessibles, de telles campagnes sont en revanche moins scientifiques.

Mais la fièvre aphteuse, qui se propage par voie aérienne, donne actuellement à réfléchir, un peu partout en Europe, aux effets des microbes et du vent. Son apparition met en lumière à la fois les liens serrés entre les étapes de la production alimentaire et l'impossibilité de contrôler une particule minuscule une fois qu'elle a pénétré le système. «Il faut devenir végétarien, affirment certains, manger bio. » L'équipe de rédaction du *Financial Times* affirme que «l'élimination progressive de l'agriculture intensive serait une réponse par trop radicale» et propose «plus de choix pour les consommateurs». Pour ma part, je doute que la présente crise puisse se résoudre par la multiplication des créneaux biologiques. Après plus de dix années passées à débattre de la maladie de la vache folle, de la bactérie *E. coli*, des OGM et, maintenant, de la fièvre aphteuse, on se rend compte que la sécurité alimentaire n'est pas qu'une question d'hygiène ou de consommation. C'est de plus en plus un problème économique propre à remettre en question les fondements de l'agriculture industrielle, dont le gigantisme des exploitations.

La crise a ébranlé la confiance envers la science, l'industrie, la politique, les spécialistes. Le marché se contentera peut-être de sacrifier quelques agneaux, mais le public pourrait bien exiger des mesures plus durables.

INTERNET COMME RÉCEPTION TUPPERWARE

LES GÉANTS DES MÉDIAS CHERCHENT À S'APPROPRIER LE PARTAGE EN LIGNE DE FICHIERS

Novembre 2000

La démission, le week-end dernier, des numéros un et deux de la société new-yorkaise de musique BMG Entertainment nous a rappelé à quel point s'opposent, au sein des grandes sociétés, deux visions antinomiques de la culture du partage du Net. Malgré tous les efforts déployés en vue de le transformer en gigantesque centre commercial, le Net semble encore dominé par une tendance anti-shopping. On y effectue bien quelques achats de temps en temps, mais surtout, on y partage sans arrêt : des idées, des blagues, des informations et, évidemment, des fichiers de musique.

Voilà donc la véritable question que se posent les administrateurs : cette culture du partage et du troc en ligne met-elle en péril les profits des entreprises, ou offre-t-elle au contraire l'occasion rêvée d'augmenter la rentabilité en transformant le partage lui-même en gigantesque outil de vente ?

Lorsque les cinq plus grandes maisons de disques, regroupées sous l'égide de la Recording Industry Association of America, ont attaqué en justice Napster, site de partage de fichiers de musique, elles se sont fermement rangées dans le premier camp : le partage de fichiers constitue ni plus ni moins un vol de matériel protégé par le droit d'auteur, et il faut l'abolir.

Puis, la semaine dernière, il s'est produit une chose étrange : Bertelsmann, propriétaire de BMG Entertainment (l'un des cinq auteurs de la poursuite RIAA), a conclu une entente avec Napster (d'où les démissions à la direction de BMG). Les deux sociétés comptent lancer en collaboration un site de partage de fichiers qui donnera accès, moyennant des droits d'adhésion, à la musique de BMG. Une fois le site ouvert, Bertelsmann se retirera de la poursuite. À la conférence de presse, Thomas Middelhoff, président et chef de la direction de Bertelsmann, s'est dissocié des «complets-cravates» de Time Warner et de Sony, complètement dépassés par la nouvelle réalité du Net. «Il est grand temps que notre industrie se réveille», a-t-il affirmé.

Qu'est-ce que c'est que cette histoire? Bertelsmann, conglomérat média de 17,6 milliards de dollars américains (propriétaire de mon éditeur canadien et de presque tous les autres), a-t-il choisi de se rallier aux cyberhippies qui réclament la libération de l'information? J'en doute. Il est plus probable que, à l'instar d'un nombre croissant d'entreprises, Bertelsmann a enfin pigé: alors que de nombreuses tentatives de faire d'Internet un outil de vente directe ont fait chou blanc, il se peut que la véritable utilité commerciale de la Toile réside précisément dans l'échange d'informations.

Les partisans de Napster prétendent qu'ils ne piratent pas des disques compacts; ils échangent plutôt de la musique au sein d'une collectivité en ligne, tout comme les amis s'échangent des cassettes de musiques diverses. Ils apprennent à se connaître les uns les autres et à se fier au jugement des copains; au bout du compte, arguent-ils, ils achètent plus de musique, tout simplement parce qu'ils en écoutent plus. Ils disent aussi avoir été contraints à adopter cette solution par deux facteurs: les prix gonflés des CD et la navrante homogénéité de la musique populaire jouée sans relâche sur les chaînes de vidéoclips et à la radio commerciale.

Des sites comme Napster proposent au fond une version high-tech d'un phénomène très ancien: des gens discutant franchement entre eux de leurs goûts. Autrefois, on appelait cela du «bouche à oreille» (*word of mouth*); à l'ère d'Internet, on parle plutôt du «souris à souris» (*word of mouse*). C'est le facteur impondérable qui peut déclencher un engouement monstre – que l'on songe au *Projet Blair Witch* – mais qu'on ne peut ni prévoir ni contrôler, comme en témoigne l'échec de la suite du même film.

Vraiment? La volonté de comprendre, de systématiser et d'exploiter le phénomène proprement humain de la conversation – pourquoi et comment nous discutons avec nos semblables – hante les entreprises. Des livres comme *The Tipping Point* de Malcolm Gladwell, *The Anatomy of Buzz* d'Emanuel Rosen et *Unleashing the Ideavirus* (paru en français sous le titre *Les Secrets du marketing viral*) de Seth Godin expliquent de façon quasi scientifique la propagation des idées : la publicité, affirment les auteurs, a moins de poids que les recommandations de personnes respectées de leurs semblables. Gladwell parle de «connecteurs» ou d'«experts», Godin de *sneezers* (des gens dont les idées se propagent comme les microbes quand on éternue), Rosen de «moyeux de réseaux».

Inspirée de cette théorie, une certaine école de pensée en marketing incite les entreprises à traiter les consommateurs comme des journalistes ou des vedettes : donnez-leur des trucs gratuits, et ils se chargeront de faire votre marketing pour rien. Dit plus crûment, il s'agit de transformer l'ultime échange non commercial – la communication humaine entre amis qui se font confiance – en transaction marchande.

L'acharnement que met l'industrie de la musique à poursuivre Napster ne laisse pas d'être ironique. Au moment même où les services juridiques des maisons de disques s'acharnent sur les sites de partage de fichiers, leur service marketing courtise les communautés électroniques, avide de harnacher leur potentiel de communication entre pairs. On charge des cabinets comme ElectricArtists de faire circuler, de façon stratégique, des échantillons gratuits de musique et de vidéoclips. Le but : transformer les fanas de la musique en bataillons de «cyber-dames Avon» non rémunérées.

Ce sont justement ces techniques d'«ensemencement en ligne» qui ont permis à BMG de lancer en grand Christina Aguilera, chanteuse BMG : ElectricArtists a offert des échantillons de sa musique aux amateurs loquaces de Britney Spears, qui se sont précipités sur leur clavier pour clamer la grande nouvelle : Britney a été clonée !

L'entente conclue avec Napster la semaine dernière le montre bien, Bertelsmann mise sur un avenir qui fera du partage – jalousement contrôlé par les spécialistes du marketing – l'«application massue» d'Internet : un réseau mondial de cyber-babillage sur les marques qui remplacera les communautés authentiques.

Bref, Internet comme une immense réception Tupperware. Vous êtes prêts ?

LA DISSIDENCE RÉCUPÉRÉE

APRÈS SEATTLE, LES MULTINATIONALES REPOSITIONNENT LEURS MARQUES

Mai 2001

À dix-sept ans, après la classe, je travaillais dans une boutique de vêtements Esprit de Montréal. C'était un emploi assez agréable qui consistait essentiellement à replier les vêtements en coton pour en faire de petits carrés parfaits dont les coins pouvaient vous éborgner en moins de deux. Hélas, pour une raison que j'ignore, la haute direction n'estimait pas notre origami vestimentaire suffisamment rentable. Un jour, notre monde paisible a basculé : une surveillante régionale a fondu sur nous et a entrepris de nous inculquer la culture de la marque Esprit – et faire augmenter du même coup notre productivité. «Esprit, nous a-t-elle dit, c'est comme un bon ami.»

J'étais sceptique, et je ne m'en suis pas cachée. Le scepticisme, ai-je appris illico, n'est pas trop prisé aux échelons inférieurs du secteur tertiaire. Deux semaines plus tard, la même surveillante m'a congédiée, me reprochant de posséder ce trait de caractère honni entre tous chez l'employé : «une mauvaise attitude». C'est l'un des premiers indices qui m'ont fait comprendre qu'une grande multinationale n'est pas «comme un bon ami», puisque les bons amis, même s'ils peuvent vous faire de mauvais coups et vous peiner, vous congédient rarement.

J'ai donc suivi avec intérêt, au début du mois, le dévoilement par l'agence publicitaire TBWA/Chiat/Day de la nouvelle «identité de marque» de Shoppers Drug Mart/Pharmaprix. (Le lancement d'une nouvelle stratégie de marque est l'équivalent, dans le monde des affaires, d'une renaissance.) La chaîne, semble-t-il, n'offre plus seulement «tout ce que vous voulez d'une pharmacie», c'est-à-dire un endroit où se procurer des articles dont on a besoin; elle est aussi maintenant un «ami attentif», un peu particulier toutefois, formé d'une chaîne de 800 pharmacies dotée d'un budget publicitaire de 22 millions de dollars qui lui brûle les doigts.

Le nouveau slogan de Shoppers Drug Mart/Pharmaprix, *Take Care of Yourself* («Portez-vous bien»), a été choisi, selon l'auteur de la campagne, Pat Pirisi, parce qu'on imagine facilement ces mots dans la bouche d'«un ami qui vous veut du bien». Des milliers de fois par jour, les jeunes caissiers les répéteront en tendant des sacs plastique remplis de rasoirs, de soie dentaire et d'amaigrissants. «Nous croyons que Shoppers Drug Mart/Pharmaprix peut occuper seul cette position», dit Pirisi.

À l'ère du McTravail temporaire, précaire et sous-payé, l'obligation faite aux caissiers d'entonner le mantra de la sollicitude a quelque chose de cruel. Personne, et surtout pas leur patron, une multinationale, ne se préoccupe de savoir si les employés du secteur tertiaire «se portent bien»; on les abandonne à leur sort.

L'ère des supermarques a justement ceci d'ironique que les sociétés s'éloignent et coupent tout lien durable avec nous, leurs employés, en même temps qu'elles se rapprochent de nous en tant que consommateurs et nous susurrent à l'oreille des mots doux, fondés sur l'amitié et l'appartenance à la collectivité. Shoppers Drug Mart/Pharmaprix n'est pas la seule entreprise en cause. Wal-Mart nous propose dans ses publicités l'histoire d'une caissière qui prête à une cliente dans le pétrin sa propre robe de mariée, alors que les annonces de Saturn mettent en scène des concessionnaires occupés à conseiller des clients au chômage. C'est parce que, voyez-vous, comme on l'affirme dans un nouveau livre sur le marketing, *Values Added*, il faut «faire de votre marque une cause et de votre cause une marque».

C'est peut-être parce que ma «mauvaise attitude» d'autrefois ne m'a jamais abandonnée, mais ce câlin collectif de la part d'une entreprise me semble aussi vide de sens que lorsque j'étais une jeune plieuse de pulls promise au chômage. À plus forte raison si on s'interroge sur les motifs de cette chaleur humaine produite en série.

Expliquant au *Financial Post* la nouvelle identité de marque de la chaîne, Pirisi a dit ceci: «À une époque où les grandes sociétés suscitent de plus en plus la méfiance des citoyens – comme l'ont montré les protestations contre l'Organisation mondiale du commerce –, et devant la détérioration du système de soins de santé, nous avons compris qu'il fallait envoyer aux consommateurs un message axé sur le partenariat.»

Depuis que les grandes entreprises comme Nike, Shell et Monsanto sont dans la ligne de mire de la société civile – surtout pour avoir privilégié les bénéfices à court terme plutôt que la protection de l'environnement ou la sécurité d'emploi –, une industrie aujourd'hui en plein essor est accourue à leur rescousse. Il semble évident, toutefois, que beaucoup d'entreprises sont encore persuadées de n'avoir qu'un «problème de communication», qui se résoudra sans mal grâce au choix d'une bonne identité de marque socialement responsable.

En fait, c'est la dernière chose dont elles ont besoin. British Petroleum l'a compris à ses dépens. Elle a dû, en effet, faire marche arrière et abandonner une scandaleuse campagne de repositionnement de la marque, *Beyond Petroleum* («Au-delà du pétrole»). Logiquement, beaucoup de gens, en entendant ce slogan, ont cru comprendre que la société délaissait les combustibles fossiles en réaction aux changements climatiques. À l'assemblée générale de BP, des activistes des droits de l'homme et de l'environnement, ayant constaté que l'entreprise n'avait en rien modifié ses politiques, ont posé des questions gênantes sur son rôle dans la construction d'un pipe-line controversé appelé à traverser des régions protégées du Tibet et sur sa décision de faire des forages dans le sanctuaire faunique national de l'Alaska. La parodie Internet du nouveau slogan, *Beyond Proposterous* («Au-delà du ridicule»), a convaincu les dirigeants d'abandonner la partie. La marque *Beyond Petroleum* n'existe plus, mais on a gardé pour l'instant la fleur verte du nouveau logo.

La confusion qui règne dans les grandes entreprises est telle qu'on me demande souvent de prononcer une conférence devant l'une ou l'autre d'entre elles. Je refuse systématiquement, de crainte que mes mots ne finissent dans une campagne publicitaire sentimentale. C'est pourtant sans réserve que j'offre aux entreprises le conseil suivant : rien ne changera tant que vous n'aurez pas compris que vous avez non pas un «problème de communication», mais plutôt un problème de comportement.

L'APARTHEID ÉCONOMIQUE
EN AFRIQUE DU SUD

LES CLIVAGES RACIAUX FONT PLACE À DE NOUVELLES
FORMES D'EXCLUSION

Novembre 2001

Samedi soir, je me suis trouvée à une réception en l'honneur de Nelson Mandela, dont le but était de recueillir des fonds pour les enfants. C'était une fête magnifique, et il aurait fallu être bien grossier pour signaler que la salle était bourrée à craquer de dirigeants des banques et des entreprises minières qui, des décennies durant, ont refusé de retirer leurs investissements de l'Afrique du Sud de l'apartheid.

Seule une personne dénuée du moindre sentiment d'à-propos aurait rappelé que notre gouvernement, au moment même où il conférait à M. Mandela le statut de citoyen d'honneur du Canada, adoptait à toute vapeur un projet de loi antiterroriste qui, s'il avait existé à l'époque, aurait saboté le mouvement anti-apartheid à plusieurs titres.

Le mouvement anti-apartheid canadien a recueilli des fonds à l'intention du Congrès national africain (ANC), organisme qui, selon la définition bâclée du projet de loi C-36, aurait été considéré comme un groupe terroriste. Qui plus est, les militants anti-apartheid ont «gravement perturbé» les activités des entreprises étrangères qui investissaient en Afrique du Sud, obligeant bon nombre d'entre elles à se retirer du pays. Le projet de loi C-36 rendrait illégales de telles perturbations.

Seule une personne ignorant tout des convenances aurait marmonné, au cœur de cette soirée placée sous le signe de l'autocongratulation, que beaucoup de gens soulignent la persistance de l'apartheid en Afrique du Sud et la nécessité d'un nouveau mouvement de résistance. Il y a deux semaines, j'ai rencontré Trevor Ngwane, ancien conseiller municipal de l'ANC, qui l'affirme sans détour: «L'apartheid racial a fait place à un apartheid fondé sur la classe sociale.»

Devant la réalité d'un pays qui compte huit millions de sans-abri et presque cinq millions de séropositifs, certains voudraient nous faire croire que cette profonde inégalité est le legs malheureux, mais inévitable, de l'apartheid racial. Pour M. Ngwane, elle a plutôt pour cause directe le programme de «restructuration économique» adopté par le gouvernement actuel, sous l'influence de la Banque mondiale et du Fonds monétaire international.

À sa sortie de prison, Nelson Mandela rêvait de faire de l'Afrique du Sud le pays non seulement de la liberté économique, mais aussi de la liberté démocratique. Grâce à de gigantesques programmes de travaux publics, son gouvernement allait combler les besoins fondamentaux de chacun: logement, eau, électricité. Mais plus l'ANC s'approchait du pouvoir, selon le professeur sud-africain Patrick Bond, auteur d'un nouveau livre, *Against Global Apartheid*, plus on faisait pression sur lui pour qu'il se montre capable de gouverner «dans le respect de saines politiques macroéconomiques». On a vite compris que si Mandela procédait à une véritable redistribution de la richesse, les marchés internationaux allaient bouder l'Afrique du Sud. Au sein du parti, beaucoup craignaient avec raison qu'un effondrement économique ne serve de prétexte pour condamner non seulement l'ANC mais l'ensemble du pouvoir noir. [*Récemment, ces peurs se sont avérées. En juillet 2002, l'ANC s'apprêtait à adopter un projet de loi visant à diversifier l'accès aux énormes ressources minérales du pays, concentrées entre les mains de quelques multinationales minières appartenant à des Blancs. Les grands investisseurs du secteur minier ont rejeté le projet et menacé de se retirer du pays. Jonathan Oppenheimer, directeur des relations publiques chez De Beers, géant du diamant, a déclaré que la loi «rayerait l'Afrique du Sud de la carte des pays propices à l'investissement».*]

Au lieu de mettre en œuvre sa politique de «la croissance par la redistribution», l'ANC, notamment sous la direction du président Thabo Mbeki, a donc adopté le sempiternel programme de libre-échange: faire croître l'économie en séduisant les investisseurs étrangers grâce à des privatisations massives, des mises à pied, des réductions de salaire dans la fonction publique, des dégrèvements fiscaux pour les entreprises, etc.

Les résultats ont été catastrophiques. Depuis 1993, on a supprimé un demi-million d'emplois. Le salaire des quarante pour cent des travailleurs les plus pauvres a baissé de vingt et un pour cent. Les quartiers défavorisés ont vu leurs factures d'eau grimper de cinquante-cinq pour cent et leurs factures d'électricité jusqu'à quatre cents pour cent. Beaucoup ont dû se résoudre à boire de l'eau contaminée : cent mille personnes ont été victimes d'une épidémie de choléra. À Soweto, on coupe l'électricité à quelque vingt mille foyers chaque mois. Quant à ces fameux investissements, on les attend encore.

En raison de bilans douteux de ce genre, la Banque mondiale et le Fonds monétaire international sont devenus des parias internationaux qui ont fait défiler des milliers de manifestants dans les rues d'Ottawa le week-end dernier, alors que s'organisait à Johannesburg une «manifestation de solidarité». Récemment, le *Washington Post* racontait l'histoire, triste à fendre le cœur, d'une femme de Soweto, Agnes Mohapi. Écoutons le journaliste : «Malgré toutes ses horreurs, l'apartheid ne lui a jamais fait subir autant de coups durs : il ne l'a pas mise à pied pour ensuite faire grimper son compte d'électricité en flèche, avant de lui couper le service dès qu'elle n'a plus été en mesure de payer. "Ce coup-là, c'est la privatisation qui me l'a fait", a-t-elle dit.»

Cet «apartheid économique» engendrera fatalement un nouveau mouvement de résistance. Au mois d'août, on a organisé une grève générale de trois jours pour protester contre la privatisation. (Des travailleurs ont brandi des pancartes où on lisait : «Oui à l'ANC, non aux privatisations.») À Soweto, des chômeurs rebranchent l'eau des voisins auxquels on l'a coupée, et le Soweto Electricity Crisis Committee (Comité de gestion de la crise de l'électricité de Soweto) a rétabli illégalement le courant dans des milliers de foyers. Pourquoi la police n'intervient-elle pas ? Parce que, dit M. Ngwane, «lorsqu'on coupe l'électricité aux policiers, nous la rebranchons aussi».

Il semble bien que les dirigeants de Bay Street, qui se précipitaient pour se faire photographier aux côtés de Nelson Mandela le week-end dernier, aient une deuxième chance de combattre l'apartheid – pendant les faits, cette fois, plutôt qu'après. Ils peuvent le faire non seulement en donnant généreusement à un organisme caritatif, mais aussi en remettant en cause la logique économique qui porte préjudice à des millions de personnes dans le monde. Dans quel camp vont-ils se ranger maintenant ?

DES POLITIQUES EMPOISONNÉES EN ONTARIO

QUAND LES NÉCESSITÉS VITALES SE TRANSFORMENT EN BIENS DE CONSOMMATION

Juin 2000

Demain, un peu après midi, quelques centaines de manifestants, dont beaucoup de sans-abri, se présenteront à l'Assemblée législative de l'Ontario dans un but tout simple : faire part au gouvernement conservateur de l'impact qu'ont ses politiques sur les pauvres. Si le passé est tant soit peu garant de l'avenir, le Premier ministre Mike Harris dira, sur un ton tranchant, que les électeurs de l'Ontario se sont prononcés et qu'il ne se laissera pas intimider – après quoi il invitera les policiers à taper sur les manifestants. La question est plutôt celle-ci : comment allons-nous réagir, nous, les autres citoyens ?

Si je pose la question, c'est que, depuis l'épidémie causée à Walkerton par la bactérie *E. coli*, au cours de laquelle plus de deux mille habitants de la ville sont tombés malades pour avoir bu l'eau du robinet, les électeurs de l'Ontario se voient dans l'obligation de réfléchir aux effets, sur les gens ordinaires et sur la vie de tous les jours, de la déréglementation pratiquée par les conservateurs. Chacun est horrifié à la pensée que le gouvernement Harris, qui a imposé des compressions budgétaires au ministère de l'Environnement et s'est déchargé de ses responsabilités sur les municipalités, a peut-être exposé les citoyens de Walkerton à un grave péril.

L'indignation du public est un puissant vecteur de transformation, même dans une enclave politique en apparence impénétrable comme le gouvernement Harris. C'est ce tollé général qui a conduit à la tenue de quatre enquêtes sur les causes de la crise, à l'engagement des politiciens de rectifier la situation et à l'offre de millions de dollars en dédommagement. Une telle catastrophe justifiait amplement de telles mesures, et bien davantage. Mais pourquoi nous aura-t-il fallu voir mourir des gens à Walkerton pour comprendre que des politiques abstraites ont des conséquences bien réelles?

Sept personnes, peut-être plus, sont mortes d'avoir bu de l'eau contaminée à la bactérie *E. coli*, et demain, la Coalition ontarienne contre la pauvreté marchera sur Queen's Park parce que, depuis sept mois, vingt-deux sans-abri sont morts dans les rues de Toronto. Les liens entre ces décès et les actions gouvernementales – compressions budgétaires et déréglementation – sont tout aussi évidents à Toronto qu'à Walkerton. Peut-être davantage, puisqu'à Toronto, pas besoin de quatre enquêtes pour faire le lien – on le considère presque comme une évidence.

Certains hivers, avant le début de l'ère des conservateurs, il arrivait qu'aucun sans-abri ne meure de froid dans les rues de Toronto. Le bilan des morts commence à augmenter en 1995, année où les conservateurs ont réduit les prestations d'aide sociale de 21,6 pour cent et annulé un projet de nouveaux logements à loyer modique. Tout de suite après, la reprise économique dont les conservateurs aiment à s'arroger le mérite a fait monter en flèche le prix des loyers, alors que la *Loi sur la protection des locataires* adoptée par le même gouvernement a grandement facilité la vie des propriétaires désireux de chasser leurs locataires. Chaque mois, à Toronto, environ 1 600 personnes sont expulsées de leur logement.

Le résultat: un nombre ahurissant de sans-abri et une pénurie de lits dans les refuges. L'an passé, les centres pour itinérants comptaient cinq mille lits, mais beaucoup de travailleurs sociaux affirment qu'il en faudrait deux fois plus. Et plus les rues et les refuges sont surpeuplés, plus la culture de la rue se dégrade et devient violente. C'est justement ce moment qu'a choisi le gouvernement Harris pour adopter la *Loi sur la sécurité dans les rues*, qui confère aux policiers le droit de traiter les itinérants comme des criminels. Ils forment désormais une clientèle toute désignée pour la superprison privée de l'Ontario, dont la venue est imminente.

Tout comme il serait facile d'éviter la répétition de la catastrophe de Walkerton, les moyens de sauver des itinérants de la mort sautent aux yeux. Plus de logements, une meilleure protection des locataires et moins de harcèlement: voilà qui constituerait un bon début. Des groupes anti-pauvreté ont proposé la «solution du un pour cent», qui consisterait à doubler les sommes réservées aux logements à loyer modique en demandant à tous les paliers de gouvernement d'affecter à ce secteur un pour cent de plus de leur budget.

En comparant la mort des victimes de la bactérie *E. coli* à Walkerton à celle des sans-abri à Toronto, je n'essaie pas d'opposer une tragédie à l'autre dans une sorte de surenchère de la souffrance. Je veux simplement faire remarquer les deux grandes absentes du débat sur les sans-abri : l'indignation générale et la volonté politique d'éviter de nouvelles catastrophes.

Voici l'Ontario de Mike Harris dans toute sa splendeur. La première leçon à tirer de la «Révolution du bon sens» [*slogan de la campagne électorale victorieuse des conservateurs*], c'est qu'il existe, dans la province, deux catégories de gens : ceux qui se trouvent à l'intérieur du système et ceux dont la place est à l'extérieur. Les premiers se sont vu octroyer de jolis allégements fiscaux; quant aux seconds, on les a marginalisés encore davantage.

En principe, les habitants de Walkerton se trouvaient à l'intérieur : c'était des travailleurs acharnés, en santé, qui payaient leurs impôts et votaient conservateur. Dès le premier jour de la «Révolution du bon sens», en revanche, les itinérants qui allaient mourir plus tard dans les rues de Toronto – chômeurs, indigents, malades mentaux – ont été relégués aux oubliettes.

Sauf que la ligne de démarcation entre les deux camps, sur laquelle repose la vision manichéenne des conservateurs, commence à s'estomper. «Le programme du gouvernement Harris ne fait pas que détruire la structure sociale, il a commencé à gruger aussi la structure physique sur laquelle nous comptons tous, dit John Clarke, porte-parole de la Coalition ontarienne contre la pauvreté, qui organise la manif de demain. Au bout du compte, il est évident que personne n'est à l'abri.»

LE MAILLON FAIBLE DE L'AMÉRIQUE

LE SECTEUR PUBLIC

Octobre 2001

Quelques heures à peine après les attentats terroristes perpétrés contre le World Trade Center et le Pentagone, Curt Weldon, représentant républicain au Congrès, en entrevue au réseau CNN, a déclaré qu'il ne voulait plus entendre parler du financement des écoles ou des hôpitaux. Désormais, il ne serait plus question que d'espions, de bombes et d'autres trucs virils. «La priorité du gouvernement américain n'est ni l'éducation, ni la santé; c'est la défense et la protection des citoyens de ce pays», a-t-il déclaré, précisant un peu plus tard: «Je suis enseignant et ma femme est infirmière – mais tout cela n'a plus aucune importance.»

Pourtant, on prend aujourd'hui toute la mesure de ces services sociaux jugés frivoles. La vulnérabilité des États-Unis devant les réseaux de terroristes vient non pas de son arsenal militaire réduit, mais plutôt de son secteur public affamé, dévalorisé et en lambeaux. Parmi les nouveaux champs de bataille, on trouve le Pentagone, mais aussi la poste; les renseignements militaires, mais aussi la formation des médecins et du personnel infirmier; un bouclier anti-missile dernier cri, mais aussi la bonne vieille Food and Drug Administration (FDA).

Il est de bon ton présentement de faire observer, désabusé, que les terroristes ont retourné contre l'Occident ses propres technologies: avions, courrier électronique, portables. Au fur et à mesure que la menace bioterroriste monte, on verra peut-être que ce sont les fissures et les brèches dans l'infrastructure publique américaine qui constituent la meilleure arme des agresseurs.

A-t-on manqué de temps pour se préparer à de telles attaques? Certainement pas. Depuis la guerre du Golfe, les États-Unis admettent publiquement le danger d'attentats bioterroristes; après le bombardement d'ambassades en Afrique de l'Est, en 1998, Bill

110

Clinton a réitéré la nécessité de mettre le pays à l'abri. Et pourtant, on a fait preuve à ce chapitre d'une inaction choquante.

La raison en est simple : pour se préparer à la guerre biologique, on aurait dû déclarer une trêve dans la guerre – plus ancienne et moins spectaculaire – livrée au secteur public. Il n'en fut rien. Voici donc quelques aperçus de la situation sur le terrain.

Dans la moitié des États américains, on ne trouve aucun spécialiste fédéral du bioterrorisme. Confrontés à la menace de la maladie du charbon, les centres de prévention et de lutte contre la maladie, dont les laboratoires sous-financés ont peine à répondre aux multiples demandes de contrôle, ne suffisent plus à la tâche. On a fait peu de recherches sur le traitement des enfants atteints de la maladie, et le Cipro – l'antibiotique le plus fréquemment utilisé – n'est pas indiqué dans leur cas.

Peu de médecins qui travaillent dans le système public de soins de santé aux États-Unis ont reçu la formation qui leur permettrait de reconnaître les symptômes de la maladie du charbon, du botulisme ou de la peste. Récemment, on a dit à un groupe de travail du Sénat que les hôpitaux et les services de santé sont privés d'outils diagnostiques fondamentaux et ont du mal à mettre des renseignements en commun, puisque plusieurs d'entre eux n'ont pas accès au courrier électronique. Beaucoup de services de santé ferment le week-end, et il n'y a pas de personnel de garde.

Si, du côté du traitement, rien ne va plus, les programmes fédéraux de vaccination sont dans un état encore plus lamentable. Le seul laboratoire autorisé à produire le vaccin anti-charbon a laissé le pays en plein désarroi face à la crise actuelle. Pourquoi? Encore un gâchis attribuable à la privatisation. Ce laboratoire, situé à Lansing, au Michigan, appartenait autrefois à l'État. En 1998, le gouvernement l'a vendu à la société BioPort, qui promettait d'en augmenter l'efficacité. Recalé à plusieurs reprises aux inspections de la FDA, le nouveau laboratoire n'a pas encore été en mesure de fournir une seule dose du vaccin à l'armée américaine, encore moins aux civils.

Quant au vaccin antivariolique, les stocks sont nettement insuffisants : l'Institut national des allergies et des maladies infectieuses des États-Unis se livre à des expériences de dilution selon un ratio de un à cinq ou même de un à dix.

Des documents internes révèlent que l'Agence américaine de protection de l'environnement (EPA) accuse des années de retard dans la protection des réserves d'eau contre des attentats bioterroristes. Selon un rapport de vérification rendu public le

4 octobre, l'EPA aurait dû mettre au jour les failles potentielles des réseaux municipaux dès 1999, mais elle n'a toujours pas franchi cette étape préliminaire.

La FDA s'est montrée impuissante à proposer des mesures susceptibles de protéger les réserves alimentaires de l'«agroterrorisme», c'est-à-dire l'introduction de bactéries mortelles. La centralisation et la mondialisation de l'agriculture augmentent les risques de propagation. Or, la FDA, l'an dernier, n'a inspecté que un pour cent des denrées importées relevant de sa compétence et dit souffrir d'une «pénurie criante d'inspecteurs».

Selon Tom Hammonds, directeur général du Food Marketing Institute, regroupement industriel représentant les producteurs d'aliments : «En cas de crise, qu'il s'agisse d'une véritable tragédie ou d'un simple canular, les lacunes du système actuel sauteraient immédiatement aux yeux.»

Après le 11 septembre, George W. Bush a créé le bureau de la «sécurité intérieure» dans l'intention de faire croire à une nation blindée et prête à toute éventualité. En l'occurrence, la «sécurité intérieure», c'est la course folle au rétablissement de l'infrastructure publique fondamentale et à la revitalisation de normes de santé et de sécurité considérablement affaiblies. Sur le terrain, les troupes sont effectivement soumises à rude épreuve, puisqu'elles font partie d'institutions sous-financées, privatisées et vilipendées depuis deux décennies, non seulement aux États-Unis mais dans presque tous les pays du monde.

«La santé publique est une question de sécurité nationale», a fait observer, au début du mois, le secrétaire américain à la Santé, Tommy Thompson. À qui le dit-il... Depuis des années, des critiques font valoir le coût humain de la réduction des dépenses, de la déréglementation et de la privatisation : collisions de trains en Grande-Bretagne, contamination à la bactérie E. coli à Walkerton, intoxications alimentaires, morts de sans-abri et soins de santé inadéquats. Et pourtant, avant le 11 septembre, on assimilait la «sécurité», de façon étroite, à la machine de guerre et à la police, forteresse érigée sur des fondations en carton.

S'il y a une leçon à tirer de toutes ces expériences, c'est qu'on ne peut isoler la sécurité. Elle dépend de tous les éléments du tissu social, de la poste à la salle d'urgence, du métro au réservoir d'eau, des écoles à l'inspection des aliments. L'infrastructure – tous ces trucs ennuyeux qui nous lient les uns aux autres – a un rôle essentiel à jouer dans notre grand combat contre le terrorisme. C'est la pierre d'angle de notre sécurité future.

III

LE MOUVEMENT EN CAGE :
LA DISSIDENCE CRIMINALISÉE

Où de grandes quantités de gaz lacrymogène se répandent,
des policiers déguisés en anarchistes balancent des amis
dans des fourgonnettes et un garçon meurt à Gênes

LA SURVEILLANCE POLICIÈRE AUX ÉTATS-UNIS

LES POLICIERS CANADIENS À L'ÉCOLE
DE L'INTIMIDATION

Mai 2000

«Nous avons tiré de Seattle et de Washington les leçons qui s'imposent», me dit au portable, depuis Windsor, Michèle Paradis, agente de la Gendarmerie royale du Canada et responsable des relations avec les médias pour la réunion de l'Organisation des États américains qui aura lieu à Windsor, en Ontario, le week-end prochain. On y attend aussi quelques milliers de manifestants qui s'opposent au projet de l'OÉA: l'élargissement de l'ALÉNA à l'ensemble de l'Amérique latine et des Antilles.

— De quelles leçons s'agit-il?

— Désolée, je ne peux vous en parler, me répond-elle.

Dommage, car dans la foulée des manifestations contre l'Organisation mondiale du commerce à Seattle, puis contre la Banque mondiale et le Fonds monétaire international à Washington, la police canadienne en a sans doute appris beaucoup sur la façon de traiter les manifestants. En l'absence de tout commentaire de la part de l'agente Paradis, voici les grandes leçons que la police montée semble avoir retenues de ses collègues du Sud.

LEÇON Nº 1 : FRAPPER À TITRE PRÉVENTIF

Des activistes de Windsor disent avoir reçu des coups de fil et des visites d'agents de la Gendarmerie royale du Canada. Josie Hazen, conceptrice graphique et créatrice d'une affiche annonçant un rassemblement et une séance d'étude organisés par le Congrès du travail du Canada, a été longuement interrogée par un policier de la GRC sur ces événements, parfaitement licites du reste, sur leurs organisateurs et sur les autres activités anti-OÉA dont elle avait connaissance. «Beaucoup de personnes reçoivent

des appels de ce genre, et nous croyons à une technique d'intimidation pour nous faire bouder les manifs», affirme Mme Hazen.

LEÇON N° 2 : BANALISER LA VIOLENCE POLICIÈRE

À Washington, j'ai rencontré plusieurs activistes de dix-neuf ans
munis de l'équipement protecteur indispensable : lunettes de
plongée et foulard imbibé de vinaigre. Non, ils n'avaient pas le
projet de défoncer un café Starbucks; seulement, ils avaient compris que le gaz est désormais le lot de ceux qui osent exprimer
une opinion politique.

Au Canada, le spectacle d'étudiants aspergés de gaz poivré au
sommet de la Coopération économique Asie-Pacifique (APEC)
tenu en 1997, à Vancouver, a suscité un véritable tollé. Deux
ans et demi plus tard, la brutalité policière à l'endroit des manifestants est si répandue qu'elle en est devenue presque banale.
Voilà ce qu'a de particulièrement insidieux la violence policière :
à force de se faire traiter en criminels, les protestataires voient
cette image leur coller à la peau. S'établit alors, dans l'esprit des
gens, un lien inconscient entre l'activisme et l'action illicite, voire
le terrorisme.

LEÇON N° 3 : ABOLIR LA DISTINCTION ENTRE DÉSOBÉISSANCE CIVILE
ET VIOLENCE

Parmi les manifestants de Windsor, il s'en trouve certains qui entendent recourir à la désobéissance civile : ils vont bloquer l'accès à certains lieux où se réunit l'OÉA en faisant barrage de leur
corps. Depuis longtemps, et partout dans le monde, les activistes
usent de cette tactique pour dénoncer des lois injustes. En Amérique du Nord, elle a fait ses preuves à plusieurs reprises : mouvement pour les droits civiques, protestations contre la Guerre
du Viêt-Nam et, plus récemment, barrages érigés par les autochtones, conflits de travail et, enfin, différend opposant, en 1993,
des écologistes et des bûcherons dans le détroit de Clayoquot, au
large de la Colombie-Britannique. Cette tactique n'est nullement
violente – mais son but avoué est de perturber l'ordre.

Au fond, les manifestants de Windsor se préparent à occuper
les rues. Ils gêneront sans doute des gens qui se rendent au travail, mais quelquefois – lorsqu'on a épuisé les autres moyens
d'expression –, ces perturbations mineures se traduisent par des
victoires éclatantes.

Pourtant, au cours de notre conversation, l'agente Paradis a qualifié à plusieurs reprises de «violent» le projet de bloquer les travaux de l'OÉA, sans vouloir admettre qu'on peut occuper une rue pacifiquement. «Vous jouez sur les mots», a-t-elle dit quand j'ai tenté de faire la distinction.

Aucun des organisateurs des manifestations de Windsor ne prône la violence, d'où la leçon suivante :

LEÇON N° 4 : DIVISER POUR RÉGNER

«Les manifestants pacifiques ne seront pas inquiétés, m'a dit l'agente Paradis, nous ne visons que la minorité qui veut perturber le bon déroulement de la réunion.» Cette distinction entre les «bons manifestants» – ceux qui se contentent de scander des slogans et d'agiter des banderoles à l'intérieur d'une zone autorisée – et les «mauvais» – les apôtres de l'action directe – revenait tel un leitmotiv dans la bouche des policiers de Seattle et de Washington.

Les activistes ont tiré, eux aussi, des leçons de leur expérience. À Seattle, ils ont compris que la désobéissance civile confère un indispensable sentiment d'urgence et d'actualité aux marches de protestation officielles et aux séances d'étude, souvent boudées par des journalistes revenus de tout. À l'approche de la réunion de Windsor, les organisateurs s'accordent pour dire qu'ils n'ont pas à choisir entre les différentes tactiques à leur disposition – au contraire, ils peuvent en employer des centaines et laisser l'activisme se déployer sur plusieurs fronts complémentaires à la fois.

Ce qu'ont d'ironique les agressions policières à l'endroit des militants qui s'opposent au libre-échange, c'est qu'on nous fait tout un plat, depuis des mois, de l'intensification du commerce avec la Chine et de l'inextinguible soif de démocratie et de liberté d'expression qu'elle entraînera forcément. En fait, c'est de toute évidence le contraire qui est vrai : le modèle du libre-échange fait du tort à tellement de personnes, un peu partout dans le monde, que pour assurer sa progression, les pays démocratiques se voient contraints de bafouer les droits de leurs propres citoyens.

Ce qui nous amène enfin à la leçon n° 5, celle que les policiers et les politiciens refusent d'entendre : à l'ère de la mondialisation marchande, la politique elle-même devient un club fermé dont les responsables doivent, pour simplement continuer de vaquer à leurs affaires, recourir à des exactions et à des mesures de sécurité extraordinaires.

LES ARRESTATIONS PRÉVENTIVES

LA POLICE DE WINDSOR EMPRISONNE
UN MAÎTRE-MARIONNETTISTE

Juin 2000

« Voici David Solnit, l'homme de la situation. »

C'est en ces termes qu'on m'a présenté, vendredi dernier, l'activiste légendaire de San Francisco. Nous nous trouvions tous les deux à l'Université de Windsor en tant que conférenciers invités à une séance d'étude sur l'Organisation des États américains. Bien sûr, je savais déjà que David Solnit était l'homme de la situation. Il comptait parmi les organisateurs du mouvement qui a paralysé Seattle. Et j'entends parler de lui depuis des années, la plupart du temps avec vénération, par de jeunes activistes qui arrivent d'un de ses ateliers « Art et Révolution ».

À leur retour, ils débordent toujours d'idées nouvelles. En guise de protestation, disent-ils, on n'a pas à organiser à tous les coups ce genre de marches quasi militaires dont le clou consiste à brandir des pancartes devant des édifices gouvernementaux verrouillés. À la place, pourquoi ne pas organiser des « festivals de la résistance », événements théâtraux spontanés égayés par des marionnettes géantes ? Leur but, du reste, n'a pas à être purement symbolique : on peut, au moyen d'une manifestation, « reconquérir » un espace public pour y organiser une fête ou y aménager un jardin, ou encore interrompre une réunion jugée destructrice. Voilà la théorie de l'illustration par l'exemple : on ne fait pas changer les gens d'avis en hurlant son opposition. On crée plutôt des organisations et des événements qui incarnent concrètement les principes qu'on défend.

Comme je ne suis pas une spécialiste de cette théorie, j'ai présenté aux étudiants un discours tout simple situant les manifestants contre l'élargissement de l'ALÉNA dans le cadre d'un mouvement anticommercial bien plus vaste qui refuse la mainmise grandissante des sociétés sur l'éducation, la distribution de l'eau, la recherche scientifique, et j'en passe.

Lorsque vint son tour, David Solnit demanda à chacun des participants de se lever, de se tourner vers son voisin et de l'interroger sur les raisons de sa présence en ces lieux. Comme je suis fille de parents hippies et survivante de colonies de vacances «alternatives», ces rituels de l'intimité sur commande me donnent toujours envie de me sauver dans ma chambre en claquant la porte. Bien sûr, David Solnit m'a choisie comme partenaire – et il ne s'est pas contenté de ma première réponse: «Je suis là pour prononcer un discours.» Alors je lui en ai dit plus long: écrire sur les jeunes activistes qui défendent l'environnement et les droits de l'homme me donne de l'espoir pour l'avenir et me repose du profond cynisme qui règne dans le monde du journalisme.

Ce n'est que lorsque nous avons commencé à partager nos découvertes avec le groupe que j'ai compris que ce jeu servait non seulement à briser la glace, mais aussi à tourmenter les policiers en civil qui se dissimulaient (mal) parmi nous. «Eh bien oui, euh, mon partenaire s'appelle Dave et il est là pour combattre l'oppression», a dit un type en veste de nylon, aux cheveux coupés en brosse.

Moins de vingt-quatre heures plus tard, David Solnit se trouvait enfermé dans une prison de Windsor, où il a passé quatre jours.

Le lendemain de la séance d'étude – soit la veille de la grande manifestation contre l'OÉA –, David Solnit a animé à l'université un petit atelier de fabrication de marionnettes. Après le cours, à un coin de rue du campus, la police lui a fait signe de s'arrêter. Puisqu'il avait été reconnu coupable de crimes aux États-Unis, on le considérait comme un criminel au Canada. Pourquoi? Parce que, quinze ans plus tôt, à l'occasion d'une manifestation contre l'intervention militaire des États-Unis en Amérique centrale, il avait écrit sur le mur d'un édifice gouvernemental (à l'aide de peinture soluble à l'eau) le nom de sandinistes exécutés. Hier, alors que les protestataires s'étaient déjà dispersés, la Commission de l'immigration et du statut de réfugié a déclaré son arrestation entièrement injustifiée, et on l'a remis en liberté.

Comme David Solnit prône la révolution par le papier mâché, l'hypothèse d'une paranoïa policière galopante semble recevable. Cela dit, les autorités ont raison de croire qu'il présente un danger – pas pour la sécurité des gens et des biens, toutefois. Son message, pour être profondément non violent, n'en est pas moins extrêmement puissant.

119

Dans ses ateliers, il est peu question de la façon dont les accords de libre-échange transforment la culture, l'eau, les semences et même les gènes en biens commerciaux. David Solnit apprend plutôt aux jeunes militants à «démarchandiser» leurs relations les uns avec les autres – message insolite pour une génération qui a grandi avec des publicités dans les toilettes de l'école et acheté la rébellion en canettes des fabricants de boissons gazeuses.

Même si Solnit n'a été libéré qu'une fois la réunion de l'OÉA terminée, ses idées étaient à l'œuvre partout à Windsor, où l'art ne représentait pas un bien fabriqué par des spécialistes et acheté par des consommateurs. En fait, il envahissait les rues. Les activistes ont même inventé un réseau de transport gratuit, les «vélos bleus» – de vieux vélos retapés, repeints et mis à la disposition des manifestants.

Le théoricien des communications Neil Postman a déjà écrit que l'enseignement était une «activité subversive». Lorsqu'il fait découvrir aux jeunes des ressources intérieures et une créativité insoupçonnées, l'enseignement est bel et bien une activité subversive. Mais pas criminelle pour autant.

David Solnit a fait l'objet d'une intervention policière habilement orchestrée de part et d'autre de la frontière. Avant même d'arriver au Canada, il était considéré comme une menace à la stabilité politique. On a fait enquête sur ses antécédents; on l'a pris en filature avant de porter contre lui des accusations fabriquées de toutes pièces. Tous les Canadiens, à commencer par les délégués commerciaux réunis à Windsor, devraient avoir honte des actions de notre police. Il semble bien qu'un aspect au moins de la vie humaine ne soit pas protégé par les accords de libre-échange : l'échange libre d'idées mobilisatrices.

LA SURVEILLANCE POLICIÈRE

ON ESPIONNE LES ACTIVISTES AU LIEU DE DISCUTER AVEC EUX

Août 2000

Que mon livre soit cité dans un nouveau rapport du Service canadien du renseignement de sécurité (SCRS) sur la prétendue «menace» que représente le mouvement antimondialisation ne m'a pas comblée de joie. Dans certains milieux où je fraye, écrire dans le *Globe and Mail* est déjà suspect. De là à passer pour une informatrice du SCRS... Hélas, me voilà, à la page trois du rapport: grâce à *No Logo*, le SCRS comprend un peu mieux les motivations de ces jeunes fous qui prennent d'assaut les réunions commerciales.

En général, je suis favorable à ce que tout un chacun me lise, mais, en l'occurrence, je soupçonne fort qu'au mois d'avril prochain, ce rapport servira à justifier qu'on joue de la matraque sur la tête de quelques-uns de mes bons amis. C'est à ce moment-là que Québec accueillera le Sommet des Amériques, la réunion la plus déterminante pour l'avenir du libre-échange depuis l'interruption des négociations de l'Organisation mondiale du commerce, à Seattle, en décembre dernier.

L'objectif du rapport du SCRS: déterminer si les manifestations anticommerciales mettent en danger le Sommet. Ce rapport a ceci d'intéressant, toutefois, qu'il ne se contente pas de dépeindre les activistes comme des terroristes en herbe (même s'il n'y manque pas). On sent aussi un certain effort, louable, pour comprendre les raisons de la colère.

Par exemple, on lit dans le rapport que les manifestants sont furieux parce qu'on n'a pas «annulé la dette des pays pauvres». Ils croient, poursuit-on, que beaucoup d'entreprises «encouragent les inégalités sociales, ont des pratiques de travail déloyales [...] et ne se soucient pas de l'environnement» et que

121

les institutions qui régissent le commerce sont motivées par le seul souci de «maximiser les profits». Ce n'est pas mal comme résumé, au fond (les autorités n'auront pas infiltré en vain toutes nos séances d'étude). Contre toute attente, les auteurs du rapport complimentent même les manifestants: selon le SCRS, ils sont «de mieux en mieux renseignés sur la cause qu'ils défendent».

Bien sûr, nous avons affaire ici à la philosophie du «Connais ton ennemi», mais au moins le SCRS est à l'écoute. On ne peut en dire autant du ministre canadien du Commerce international. Dans un discours présenté ce mois-ci devant la Banque interaméricaine de développement, M. Pierre Pettigrew a dépeint une étrange dynamique à la George Lucas, au sein de laquelle les partisans du libre-échange sont les forces de l'ordre mondial, alors que ses critiques incarnent le «désordre mondial». Ces ennemis sinistres sont mus non pas par l'«idéalisme» (comme l'affirme le rapport du SCRS), mais par le désir égoïste d'«empêcher certains pays ou certains citoyens d'accéder à la prospérité dont profite le Canada». De plus, loin de soulever des interrogations légitimes, ils sont complètement à côté de la plaque, selon M. Pettigrew: «La mondialisation est tout simplement un moment de l'évolution naturelle. Elle va de pair avec l'évolution humaine, dont l'histoire nous apprend qu'on ne peut la freiner.»

Si le gouvernement du Canada a peur de voir les militants gâcher la fête à Québec, il devrait commencer par avouer que c'est non pas Dame Nature qui rédige les accords commerciaux internationaux, mais bien des politiciens et des fonctionnaires. Mieux, au lieu d'«intercepter les communications des manifestants», comme on le recommande dans le rapport du SCRS, le gouvernement libéral devrait consacrer les huit mois à venir à un débat national ouvert et généralisé pour savoir si la majorité des Canadiens juge bon d'ouvrir l'ALÉNA à tous les pays de l'hémisphère; nous échapperions ainsi à l'ambiance de roman de cape et d'épée que font régner les rapports du service du renseignement.

Cela s'est déjà vu: en 1988, les libéraux, en tant que parti de centre-gauche, ont joué un rôle déterminant dans un premier débat sur les mérites du libre-échange avec les États-Unis. À cette époque, toutefois, la discussion des avantages et des inconvénients était purement théorique; c'était au fond une guerre de prévisions opposées.

Cette fois-ci, les Canadiens sont en mesure de faire le bilan et de poser les bonnes questions. Les décisions de l'ALÉNA nous ont-elles permis de mieux sauvegarder la culture depuis huit ans? L'accord parallèle sur le travail protège-t-il bien les ouvriers canadiens et mexicains? L'accord parallèle sur l'environnement nous donne-t-il la possibilité de réglementer les pollueurs? A-t-on renforcé les droits de l'homme, du Chiapas à Toronto en passant par Los Angeles, depuis l'adoption de l'ALÉNA?

Il faudrait également nous interroger sur le pourcentage de notre PIB qui provient du commerce (quarante-trois pour cent) et sur le niveau de vie des Canadiens (stagnant). Après quoi nous pourrons nous poser encore les questions suivantes: notre système économique est-il vraiment le meilleur qu'on puisse imaginer? Sommes-nous satisfaits du statu quo? Voulons-nous vraiment l'ALÉNA multiplié par 34? Déjà, un tel débat serait le signe d'une saine démocratie, mais on aurait intérêt à aller encore plus loin. L'entrée du Canada dans la Zone de libre-échange des Amériques ne devrait-elle pas constituer un enjeu clé des prochaines élections fédérales? On pourrait même – voyons grand – tenir un référendum à ce propos.

Évidemment, il n'en sera rien. La démocratie au Canada se limitera à un mesquin marchandage sur les réductions d'impôt. Les détracteurs de nos choix économiques se feront plus désenchantés, plus combatifs. Et la police aura pour tâche de protéger nos politiciens de la politique réelle, même s'il faut, pour cela, transformer Québec en forteresse.

Préparant déjà le terrain pour le recours à la force, le rapport du SCRS conclut que «compte tenu du violent discours antimondialisation [...], il n'est pas exclu que des actes violents puissent être posés à l'occasion du Sommet de Québec». Peut-être pas. Mais compte tenu de la virulence de la rhétorique antimilitante et de la collusion des politiciens, il est presque certain que le Sommet de Québec verra se déchaîner la violence policière.

LA PROPAGANDE DE LA PEUR

DEVANT LES RISQUES QU'ÉVOQUE LA POLICE, ON RENONCE À MANIFESTER

Mars 2001

«J'ai peur que le libre-échange n'entraîne la privatisation de l'éducation, me confie une institutrice d'Ottawa. Je veux participer aux manifestations de Québec, mais peut-on le faire en toute sécurité?»

«Je crois que l'ALÉNA a creusé l'écart entre riches et pauvres, me dit une jeune mère de famille de Toronto. Si j'assiste aux manifestations de Québec, mon fils se fera-t-il asperger de gaz poivré?»

«Je veux me rendre à Québec, affirme un étudiant de premier cycle de Harvard très actif dans le mouvement anti-sweatshop, sauf que j'ai entendu dire que personne ne sera autorisé à traverser la frontière.»

«Nous ne nous donnons même pas la peine d'aller à Québec, dit un étudiant de Mexico. Nous ne pouvons pas nous permettre de nous faire arrêter dans un pays étranger.»

Si vous croyez que la prochaine vague de répression déferlera dans un mois, à Québec, lorsque six mille policiers affronteront les activistes venus au Sommet des Amériques, détrompez-vous. C'est aujourd'hui que s'organise la véritable répression. Elle s'installe en douce, sans tambour ni trompette, chaque fois qu'un manifestant potentiel renonce à exprimer publiquement son opinion sur l'éventuelle Zone de libre-échange des Amériques.

Il s'avère que la meilleure technique de maîtrise des foules n'est ni le gaz poivré, ni les canons à eau, ni le gaz lacrymogène, ni l'une ou l'autre des armes que fourbit la police québécoise en attendant l'arrivée des trente-quatre chefs d'État. Ultime raffinement du contrôle des foules: empêcher leur formation. En somme, le nec plus ultra, en matière de dissuasion, consiste à pousser les gens à se bâillonner eux-mêmes.

La peur s'infiltre chaque fois qu'on lit un article sur la clôture de trois mètres qui va ceindre Québec ou sur la pénurie d'endroits où loger, à part les prisons vidées pour la circonstance. Un mois avant le sommet, on avait réussi à transformer Québec, cette ville de carte postale, en un lieu menaçant et inhospitalier pour les gens ordinaires préoccupés par la mainmise des grandes sociétés sur le commerce et par la déréglementation économique. D'activité démocratique saine, l'expression de la dissidence est devenue un sport extrême et dangereux, réservé aux activistes purs et durs équipés d'accessoires bizarres et titulaires d'un doctorat en escalade.

La dissidence se trouve encore désamorcée par les articles de journaux truffés d'informations provenant de sources non révélées et de déclarations anonymes, dans lesquels on lit que certains activistes, armés de briques et d'explosifs, sont en fait des «agitateurs décidés à recourir à la violence». Comme seule preuve à l'appui de ces allégations incendiaires, on affirme que des «anarchistes» ont formé des «groupuscules», tous «autonomes»; entendons par là que, d'un groupe à l'autre, on ne se dit pas quoi faire.

Voici la vérité: aucun des regroupements officiels qui organisent des manifestations à Québec ne prévoit d'action violente. Une ou deux organisations radicales, comme l'Anti-Capitalist Convergence, ont dit cautionner «une gamme de tactiques [...] allant de l'éducation populaire à l'action directe». Leurs membres ont ajouté refuser, par principe, de condamner les tactiques d'autres militants. Certains affirment que, attaqués par la police, ils se défendront.

Cette position (complexe, il faut bien l'avouer) a été déformée par les journaux et transformée en déclaration d'intention d'attaques violentes contre le Sommet, ce qui est très loin de la vérité. Elle donne aussi du fil à retordre aux autres activistes, qui préféreraient que tous adhèrent à une déclaration de protestation non violente.

Le hic, c'est que les militants condamnent justement le modèle économique darwinien de la ZLÉA en raison de la violence qu'il entraîne dans son sillage: violence au sein des collectivités pauvres, violence policière contre les démunis. Dans un discours prononcé l'an passé, le ministre du Commerce international, M. Pierre Pettigrew, explique cet état de choses. Dans une économie moderne, dit-il, «les victimes, en plus d'être exploitées, sont frappées d'exclusion [...] Il est possible de se retrouver dans une situation où on n'est pas nécessaire à la création de richesses. Le phénomène de l'exclusion est bien plus radical que celui de l'exploitation.»

Le ministre a bien raison. C'est pourquoi une société qui accepte sans sourciller cette division des citoyens en «exclus» et en «inclus» est une société dangereuse, peuplée de gens sans foi dans le système, persuadés de n'avoir rien à tirer de la prospérité réputée découler des rencontres comme le Sommet des Amériques; des gens pour qui la police incarne un pouvoir uniquement répressif; des gens en somme qui n'ont rien à perdre.

Si telle n'est pas la société de nos rêves – une société de nantis et de démunis séparés les uns des autres par des clôtures toujours plus hautes –, il ne suffit pas de faire condamner, à titre préventif, les «mauvais» activistes par les «bons». Il faut plutôt rejeter la politique qui consiste à diviser les militants. Et c'est à Québec qu'on pourra le faire, là où le mur de l'exclusion, habituellement dissimulé aux regards, est offert à la vue de tous. Il prend la forme d'une clôture toute neuve et de méthodes de contrôle des foules qui ont pour effet de nous repousser avant même notre arrivée.

«LES CITOYENS EN CAGE»: UNE PÉTITION

LETTRE OUVERTE À JEAN CHRÉTIEN À LA VEILLE DU SOMMET DES AMÉRIQUES

Avril 2001

Par crainte d'un accès de violence policière au Sommet des Amériques de Québec, Naomi Klein, l'actrice Sarah Polley et l'avocat Clayton Ruby ont adressé la pétition qui suit au Premier ministre Jean Chrétien. Le but de la lettre ouverte: frapper l'opinion publique et, surtout, le milieu artistique. Plus de six mille Canadiens – artistes, universitaires, journalistes, juges, avocats, intellectuels – l'ont signée. Parmi les signataires figuraient quelques-unes des plus éminentes personnalités culturelles du Canada, dont Margaret Atwood, Michael Ondaatje, Atom Egoyan, Michael Ignatieff, Rubin «Hurricane» Carter et les Barenaked Ladies.

En tant que Canadiens qui prisent la liberté d'expression, ce droit démocratique essentiel, et qui comptent sur ce droit pour exercer leur métier, nous surveillerons de près les actions des policiers et des agents d'immigration au cours de la semaine prochaine, alors que se tiendra à Québec le Sommet des Amériques.

Le droit à la liberté d'expression, absolument fondamental dans notre société démocratique, englobe non seulement le droit de parler et de communiquer, mais aussi celui d'être entendu. Notre droit constitutionnel à la liberté d'assemblée pacifique comprend le droit de nous réunir dans les lieux publics de toutes les villes canadiennes. Le droit à la liberté de mouvement transfrontalier ne se limite pas au commerce et au tourisme; il s'applique aussi aux rassemblements, aux conférences et aux manifestations politiques.

Conçu pour empêcher les protestataires légitimes de se faire voir et entendre, le périmètre de sécurité qui entoure Québec bafoue ces libertés fondamentales. Fidèles à l'esprit de notre constitution, nous condamnons cette action. Nous croyons que la décision de déployer quelque six mille policiers autour des lieux du Sommet ne favorise pas les manifestations pacifiques. Nous condamnons aussi le refus arbitraire d'admettre au Canada des citoyens intéressés d'autres nations, dont on empêche ainsi de faire connaître aux médias du monde entier l'opinion sur un éventuel accord de libre-échange embrassant trente-quatre pays.

La démocratie n'a pas pour seul cadre les parlements, les isoloirs et les sommets officiels. On la trouve aussi dans les salles de réunion, dans les parcs, dans les rues. Et parfois, la démocratie, c'est aussi des actes pacifiques de désobéissance civile. Lorsque les rues sont bloquées et que des centaines de salles de réunion de Québec sont inaccessibles aux citoyens en raison de l'immense «zone de sécurité» qui les entoure, c'est la démocratie elle-même qui se voit marginalisée. Et quand on offre aux grandes entreprises la possibilité d'acheter l'accès aux dirigeants politiques moyennant un sponsoring partiel du Sommet, comme ce serait le cas à Québec, on donne l'impression que la responsabilité politique est à vendre.

Nous trouvons fort inquiétant que des documents du Service canadien du renseignement de sécurité dépeignent les manifestants qui convergent sur Québec comme «violents», sans autre preuve à l'appui; nous craignons que la reprise de telles allégations gratuites dans des reportages n'incite les policiers à abuser de leur force. Dans une large mesure, les activistes qui mettent le cap sur Québec sont des jeunes décidés à exprimer leurs idées politiques et à se faire entendre au moyen d'actes de désobéissance civile sérieux et pacifiques. La sécurité physique de tous les manifestants nous préoccupe au plus haut point.

Depuis quatre ans, on a, hélas, banalisé le recours au gaz poivré lors des manifestations politiques qui accompagnent les réunions de la Banque mondiale, du Fonds monétaire international, de l'Organisation mondiale du commerce, du Forum économique mondial et du Forum de la Coopération économique Asie-Pacifique ou encore les conventions politiques américaines. Au cours de certaines manifestations, des rues de Washington à celles de Davos, en Suisse, nous avons vu la police multiplier le recours au gaz lacrymogène, aux arrestations massives, aux canons à eau et aux balles en caoutchouc, en même temps qu'elle misait toujours davantage sur des techniques de sécurité telles que l'arrestation à titre préventif d'organisateurs de manifestations, le tabassage au hasard des activistes, les descentes sur les

«centres de convergence» des manifestants et la saisie de matériel de protestation anodin, comme des pancartes et des marionnettes.

Au cours de l'histoire de notre pays, des Canadiens de la
trempe de George-Étienne Cartier et Robert Baldwin ont lutté
pour la tolérance civile et le droit démocratique à la liberté d'expression. Il n'est pas trop tard pour que nos dirigeants, réunis au
Sommet des Amériques, fassent davantage que se targuer de respecter la démocratie. Ils peuvent aussi incarner les principes de
la liberté d'expression et de mouvement en ne cherchant pas à
faire l'économie des critiques ouvertes et du débat sur des questions d'une importance vitale pour les citoyens des Amériques.
Sous le regard attentif du monde entier, le Canada a aujourd'hui
l'occasion de devenir un modèle d'application des principes
démocratiques.

C'est dans cet esprit que nous enjoignons aux forces de sécurité, à nos frontières et à Québec, de défendre farouchement non
seulement la sécurité des chefs d'État en visite au Canada, mais
aussi les droits des activistes politiques sur notre territoire.

L'INFILTRATION

DES POLICIERS EN CIVIL ARRÊTENT UN ORGANISATEUR PACIFIQUE À UNE MANIFESTATION CONTRE LA ZLÉA

Avril 2001

— Où es-tu? ai-je crié dans mon portable.

La réponse est venue après un moment d'hésitation.

— Dans une zone verte, au coin de Saint-Jean et de Sainte-Claire.

Dans le jargon des manifestants, l'expression «zone verte» désigne une aire sans gaz lacrymogène ni affrontements avec la police. Il n'y a pas de clôtures à prendre d'assaut, seulement des marches autorisées. Les zones vertes sont sécuritaires; on est censé pouvoir y manifester en famille.

— D'accord, ai-je répondu. Rendez-vous dans quinze minutes.

Je venais à peine d'enfiler mon manteau lorsque mon portable a retenti de nouveau: «Ils ont arrêté Jaggi. Non, pas arrêté. Plutôt kidnappé.» C'est de ma faute, me suis-je dit aussitôt: j'avais demandé à Jaggi Singh, au portable, de me dire où il se trouvait. Nous devions être sur écoute – c'est ainsi qu'ils avaient pu mettre la main sur lui. De la paranoïa? Bienvenue à Sommet City.

À peine une heure plus tard, au centre communautaire du Comité populaire Saint-Jean-Baptiste, six témoins aux yeux enflés me lisent à voix haute leur version, rédigée à la main, de la façon dont on a enlevé devant eux l'organisateur le plus visible de la manifestation d'hier contre la Zone de libre-échange des Amériques. Tous s'entendent pour dire que Singh encourageait des amis à s'éloigner du grillage de sécurité, maintenant entamé. Singh, disent-ils, essayait de désamorcer la confrontation entre militants et policiers.

«La situation devenait trop tendue à son goût», dit Mike Staudenmaier, activiste américain qui discutait avec Singh lorsque trois costauds ont saisi ce dernier par-derrière avant de l'encercler.

«Ils étaient habillés en activistes, affirme Helen Nazon, Québécoise de vingt-trois ans, avec des blousons d'entraînement à capuchon, des chemises en flanelle, un foulard au visage, l'air négligé. Ils ont renversé Jaggi et l'ont roué de coups de pied. C'était très violent.»

«Puis ils l'ont entraîné», ajoute Michèle Luellen.

Tous les témoins me disent que lorsque les amis de Singh se sont approchés de lui pour lui venir en aide, les hommes habillés en activistes, brandissant maintenant de longs bâtons, ont repoussé la foule en criant : «Police!» Puis ils l'ont jeté dans une fourgonnette beige avant de démarrer en trombe. Plusieurs jeunes activistes me montrent des blessures ouvertes : on les a frappés.

Trois heures après l'arrestation de Singh, les manifestants n'avaient encore aucune idée de l'endroit où on le détenait.

Coincer les activistes en pleine rue et les balancer dans une voiture banalisée : on croit que de telles choses n'arrivent pas au Canada. Mais ce n'était pas la première fois qu'on faisait le coup à Jaggi Singh depuis le début de sa courte carrière d'activiste antimondialisation. En 1997, à la veille des manifestations contre le sommet de la Coopération économique Asie-Pacifique (APEC), alors qu'il marchait seul dans une rue du campus de l'Université de Colombie-Britannique, deux policiers en civil se sont saisis de lui, l'ont jeté à terre, puis l'ont poussé dans une voiture banalisée.

Il a appris plus tard qu'on l'accusait de voies de fait. Quelques semaines plus tôt, semble-t-il, il avait parlé si fort dans un porte-voix qu'il avait endommagé le tympan d'un policier qui se trouvait dans les parages. Les accusations ont été retirées par la suite, bien entendu, mais le but était atteint : faire que Singh se trouve derrière les barreaux durant la manifestation, tout comme il sera sûrement en état d'arrestation durant la marche d'aujourd'hui. La même chose lui est arrivée en octobre au Sommet des ministres des Finances du G-20, tenu à Montréal. Dans tous ces cas bizarres, Jaggi Singh n'a jamais été reconnu coupable de vandalisme ni d'avoir fomenté la violence. Tous ceux qui l'ont vu à l'œuvre savent que son unique crime est de faire de bons discours.

C'est justement pour faire appel à ses talents d'orateur que je lui avais téléphoné : je voulais qu'il vienne à la séance d'étude que je co-animais au Sommet des Peuples et qu'il raconte à quelque 1 500 personnes ce qui se passait dans les rues. Il avait d'abord accepté, puis s'était ravisé, les déplacements étant devenus trop compliqués.

Je ne peux pas m'empêcher de croire que si on a traité ce jeune homme en terroriste, à répétition et sans la moindre preuve, c'est peut-être parce qu'il a la peau basanée et qu'il s'appelle Singh. On ne s'étonnera pas d'apprendre que, aux dires de ses amis, cette présumée «menace pour l'État» préfère ne pas marcher seule la nuit.

Les témoignages recueillis, la petite foule se prépare à quitter le centre communautaire pour assister à une réunion de planification nocturne. Puis, branle-bas de combat à la porte: l'instant d'après, les corridors débordent de gens au visage cramoisi, aux yeux ruisselants de larmes, cherchant désespérément de l'eau courante.

Le gaz lacrymogène, qui emplit la rue devant le centre, pénètre maintenant dans les corridors.

— La zone verte, c'est fini! *Les flics s'en viennent**!

J'abandonne l'idée d'aller retrouver mon ordinateur portable à l'hôtel.

Puis Denis Bélanger, qui m'a gentiment prêté le PC délabré du centre communautaire pour rédiger cette chronique, se rend compte que l'indicateur de messages du téléphone clignote. Les policiers ont bouclé tout le quartier: impossible d'en sortir.

— Je vais peut-être passer la nuit ici, dit Bélanger.

Tiens, moi aussi, je crois.

---

* En français dans le texte.

ON LANCE DU GAZ LACRYMOGÈNE
SUR TOUT CE QUI BOUGE

LA FUMÉE TOXIQUE RAPPROCHE DES GROUPES
DISPARATES DURANT LES MANIFESTATIONS
CONTRE LA ZLÉA

Avril 2001

Les manifestations entourant le Sommet des Amériques à peine terminées, on est en pleine chasse aux sorcières. Maude Barlow, présidente du Conseil des Canadiens, est montrée du doigt : elle n'a pas su contrôler sa «bande d'émeutiers». L'activiste Jaggi Singh est en prison pour possession présumée d'une arme qui ne lui appartenait pas et qu'il n'a pas utilisée : une catapulte de théâtre qui a servi à lancer, par-dessus la fameuse clôture qui entourait Québec le week-end dernier, des animaux en peluche.

Non seulement les policiers n'ont-ils pas saisi la blague, mais ils n'ont rien compris à la nouvelle forme, adaptée à notre époque postmoderne, que prend la manifestation politique. Aucun individu, aucun groupe ne pouvait «rappeler ses troupes à l'ordre», puisque les dizaines de milliers de personnes venues protester contre la Zone de libre-échange des Amériques faisaient partie d'un mouvement sans leader, sans centre et même sans nom, mais dont l'existence est néanmoins bien réelle.

Les journalistes ont du mal à faire comprendre qu'il n'y a pas eu, à Québec, deux manifestations – d'un côté, la marche «pacifique» des travailleurs, de l'autre, une «violente» émeute anarchiste : on a plutôt eu affaire à des centaines de manifestations différentes. L'une d'entre elles a été organisée par une mère et une fille de Montréal, une autre par quelques étudiants diplômés venus en fourgonnette d'Edmonton, une autre encore par trois amis de Toronto qui ne sont membres d'aucune association, sinon d'un centre de conditionnement physique. Une quatrième a été le fruit de quelques garçons de café en pause.

Bien sûr, certains groupes étaient très bien organisés : les syndicats avaient des autobus, des pancartes assorties et un itinéraire clairement arrêté ; les anarchistes du Black Bloc s'étaient munis de masques à gaz et de liaisons radio. Mais pendant des jours et des jours, les rues ont débordé de gens d'ailleurs qui avaient tout simplement dit à un ami : «Allons à Québec» et d'habitants de la ville qui s'étaient dit : «Sortons voir.» Ces gens ne se sont pas ralliés à une immense manifestation, ils ont plutôt vécu l'instant.

Comment aurait-il pu en être autrement? Les institutions traditionnelles – syndicats, religions, partis politiques – qui rassemblaient autrefois les citoyens en sous-ensembles bien structurés sont toutes en déclin. Malgré tout, quelque chose a attiré des dizaines de milliers de personnes dans les rues : une intuition, un instinct, ou peut-être tout simplement le désir profondément humain de participer à un mouvement qui vous dépasse.

Chacun avait-il un discours bien rodé et une analyse pointue des tenants et aboutissants de l'éventuel Accord de libre-échange des Amériques? Pas nécessairement. Et pourtant, les manifestants ne se livraient pas à un tourisme politique vide de sens. Au Sommet, George W. Bush a affirmé que le commerce – le simple fait d'acheter et de vendre – pouvait tenir lieu de gouvernement. «Le commerce aide à propager la liberté», a-t-il déclaré.

C'est justement cette vision appauvrie et passive de la démocratie que rejetaient les manifestants assemblés dans les rues de Québec. Quels qu'aient été leurs buts par ailleurs, tous les manifestants voulaient tâter de la participation politique directe. Par leur convergence, ces centaines de petites manifestations donnaient des résultats parfois chaotiques, parfois regrettables ; très souvent, elles étaient plutôt une source d'inspiration. Une chose est sûre : après avoir rejeté le rôle de simples spectateurs politiques, ces gens-là ne sont pas près de remettre les rênes du pouvoir entre les mains d'une cabale d'aspirants leaders.

Toutefois, les mouvements de manifestation vont devenir plus organisés, en guise de réponse aux actions policières plutôt qu'en conformité avec des directives émises par Maude Barlow, par Jaggi Singh ou, puisqu'on y est, par moi-même. Si les gens sont venus à Québec un peu par hasard, sans savoir ce que signifie l'appartenance à un mouvement politique, ils se sont trouvés, dès leur arrivée, unis par le traitement qu'on leur réservait : des arrestations massives, des balles en caoutchouc et, avant tout, un épais brouillard blanc de gaz lacrymogène.

Même si le gouvernement a chanté les louanges des «bons» manifestants tout en vouant aux gémonies les «mauvais», les policiers, par leurs actions brutales et lâches, n'ont fait aucune distinction entre les deux camps. Les forces de sécurité ont profité du fait que quelques-uns (captés, heureusement pour la police, par les caméras de la télévision) ont lancé des pierres pour faire ce qu'elles avaient toujours eu l'intention de faire : débarrasser la ville de milliers de manifestants licites, tout simplement pour se faciliter la vie.

Ayant trouvé la «provocation» qu'ils espéraient, les policiers ont bombardé des quartiers complets au gaz lacrymogène, substance qui, par définition, ne fait aucune distinction entre les gens, puisqu'elle ignore tout des périmètres de sécurité, des tactiques de manifestation et de la politique. Les vapeurs toxiques ont pénétré dans les maisons, obligeant les familles à revêtir des masques à gaz en plein salon. Frustrés par des vents contraires, les policiers ont redoublé de zèle. Des passants qui faisaient le signe de la paix aux policiers ont été arrosés. Des personnes qui distribuaient de la nourriture ont été arrosées. J'ai rencontré une femme dans la cinquantaine, venue d'Ottawa, qui m'a dit gaiement : «Je suis allée me chercher un sandwich, et ils m'ont arrosée deux fois.» Des gens qui faisaient la fête sous un pont, des gens qui protestaient contre l'arrestation de leurs amis ont été arrosés. La clinique de premiers soins où on traitait des personnes déjà atteintes a été arrosée.

Le gaz lacrymogène, censé démoraliser les manifestants, a eu en réalité l'effet contraire. Il les a mis en furie et radicalisés, à un point tel qu'ils ont applaudi des anarchistes du Black Bloc qui ont osé relancer les grenades vides vers les policiers. Si le gaz est suffisamment léger et atomisé pour se transmettre par voie aérienne, gageons qu'au cours des prochains mois, on verra qu'il possède également de très fortes propriétés de liaison.

[*Plus tard, la Ligue des droits et libertés du Québec a publié sur la violence policière au Sommet un rapport faisant état de plusieurs incidents passés sous silence par les médias. Ainsi, la police a utilisé un viseur laser pour tirer une balle de plastique dans les organes génitaux d'un manifestant; un homme au sol a tâté de la matraque électrique; une femme montée sur des échasses et déguisée en Statue de la Liberté, qui s'approchait de la clôture, s'est effondrée à cause d'un tir de canon à eau dans les genoux. Dans le même rapport, il est question du traitement horrible réservé aux manifestants arrêtés. On a abandonné pendant huit heures, dans des fourgons de police garés en zones fortement contaminées au gaz, des manifestants menottés. Enfin rendus à la prison, beaucoup ont été fouillés à nu et arrosés d'eau froide (à des fins de «décontamination»). Et même si les autorités avaient vidé la prison locale avant les manifestations (au coût de cinq millions de dollars), beaucoup de manifestants ont été incarcérés à quatre ou à cinq dans une cellule destinée à abriter un seul détenu.]*

LA NORMALISATION DE LA VIOLENCE

DES ANNÉES DE BRUTALITÉ POLICIÈRE ABOUTISSENT À LA MORT D'UN MANIFESTANT ITALIEN, CARLO GIULIANI

Août 2001

Le 20 juillet 2001, lors du sommet du G-8 à Gênes, des policiers italiens ont tiré, à bout portant, une balle dans la tête d'un manifestant de vingt-trois ans, Carlo Giuliani; leur jeep a ensuite fait marche arrière, passant sur le corps du jeune homme. Le texte qui suit est tiré d'un discours prononcé un mois plus tard à Reggio Emilia, en Italie, au Festival dell'Unità.

Depuis cinq ans, je fais des reportages sur la vague actuelle de manifestations. Et j'ai vu, horrifiée, la police passer du gaz poivré à des bombardements intensifs de gaz lacrymogène; du gaz lacrymogène aux balles de caoutchouc; des balles de caoutchouc aux balles réelles. L'espace d'un seul été, nous avons été témoins d'une autre escalade. Des manifestants ont été gravement blessés à Göteborg, en Suède; par la suite, à Gênes, un manifestant a été abattu, puis les policiers lui sont passés dessus en jeep. On s'est rué sur des activistes qui dormaient dans une école voisine pour les battre au sang; après, leurs dents jonchaient le sol.

Pourquoi cette surenchère si rapide? Je dois conclure, à mon grand regret, que tout cela s'est passé parce que nous l'avons permis; et quand je dis «nous», je songe à tous les bons libéraux de gauche – journalistes, universitaires, artistes – qui essaient de se convaincre qu'ils croient aux libertés civiles. Au Canada, quand la police a commencé, il y a quelques années, à lancer du gaz poivré et à fouiller à nu de jeunes manifestants, il y a eu un tollé. La nouvelle faisait la une des journaux. Nous avons posé des questions et exigé des réponses; la police a dû rendre compte de ses actions. Les gens disaient: ce sont nos enfants, des idéalistes, les dirigeants de demain. Ces derniers temps, la violence policière à l'endroit des manifestants suscite rarement de telles réactions. Le peu d'empressement des journalistes à faire enquête, l'indifférence apparente des partis de gauche, des universitaires et des ONG qui ont pour mandat la sauvegarde de la liberté d'expression – tout cela est un véritable scandale.

Les actions des jeunes activistes ont été scrutées à la loupe et leurs motivations et leurs tactiques, passées au crible. Si la police avait attiré ne serait-ce qu'un dixième de l'attention portée au mouvement, les atrocités commises à Gênes le mois dernier n'auraient peut-être pas eu lieu. Je le dis parce qu'à ma dernière visite en Italie, au mois de juin, même si on était à plus d'un mois des manifestations, la police avait déjà la bride au cou : tout en cherchant des prétextes pour réprimer massivement les droits civils, elle se préparait à faire preuve elle-même d'une violence extrême. Aucun militant n'était encore descendu dans la rue qu'on avait pratiquement décrété un état d'urgence préventif : fermeture des aéroports, installation d'un cordon de sécurité autour d'une bonne partie de la ville. Et pourtant, à ma dernière visite en Italie, le débat public portait non pas sur ces violations des libertés civiles, mais bien sur la présumée menace que représentaient les activistes.

La brutalité policière se nourrit de l'indifférence publique, s'infiltre par des fissures ignorées depuis trop longtemps. Selon *Newsweek*, Carlo Giuliani a été la première victime ; il aurait versé le «premier sang» du mouvement. C'est oublier trop vite le sang répandu lors de manifestations contre le pouvoir des grandes entreprises dans les pays pauvres, ou dans les régions pauvres de pays riches, là où les résistants n'ont pas la peau blanche.

Deux semaines avant le sommet du G-8 à Gênes, trois étudiants qui protestaient contre un projet de privatisation de la Banque mondiale ont été tués en Papouasie-Nouvelle-Guinée. Silence quasi total des médias. Et pourtant, c'est cette même question qui a réuni des milliers de personnes pour des manifestations dites «antimondialisation».

Ce n'est pas un hasard si la violence policière prend le plus souvent pour cible des groupes marginalisés, que les fusils soient braqués sur les collectivités zapatistes du Chiapas, au Mexique, ou sur les autochtones du Canada, pays pacifique par excellence, lorsque des activistes des Premières Nations recourent à l'action directe pour défendre leur territoire.

Nos actions déterminent celles de la police ; lorsque nous abandonnons la partie, c'est elle qui l'emporte. Sa meilleure arme, ce n'est ni les balles en caoutchouc, ni le gaz lacrymogène ; c'est notre silence.

DES DANGERS FABRIQUÉS DE TOUTES PIÈCES

APRÈS GÊNES, LE GOUVERNEMENT ITALIEN SUPPRIME LES LIBERTÉS CIVILES

Le 5 septembre 2001

Visiter l'Italie en touriste au mois d'août, c'est s'émerveiller sans fin de l'art de vivre – juste avant de déplorer amèrement que tout soit fermé.

«C'est tellement civilisé ici», se pâment les Nord-Américains devant un déjeuner quatre services. «Non, mais qu'est-ce qu'ils attendent pour ouvrir ce magasin? Je veux m'acheter des Prada!» Cette année, au mois d'août, les choses étaient un peu différentes. Bon nombre de plages du Sud, celles où vont les Italiens pour fuir les touristes, étaient désertes, alors qu'en ville, tout roulait à plein. À mon arrivée, il y a deux semaines, journalistes, politiciens et activistes m'ont dit d'un commun accord avoir travaillé tout l'été, sans un seul jour de congé, pour la première fois de leur vie.

Comment auraient-ils pu prendre congé? D'abord il y a eu Gênes, puis l'après-Gênes.

Les retombées des manifestations contre le G-8 en juillet sont en train de redessiner la carte politique du pays – et tous veulent être de la partie. Les journaux affichent des tirages records. Les salles de réunion – du moment qu'il s'agit de politique – sont pleines à craquer. À Naples, j'ai assisté à une séance de planification pour activistes consacrée au prochain sommet de l'OTAN: dans un amphithéâtre chaud comme un four, sept cents personnes ont débattu de la «stratégie du mouvement pour l'après-Gênes». Deux jours plus tard, près de Bologne, une conférence sur la politique après Gênes a attiré deux mille personnes qui ont prolongé leurs délibérations jusqu'à onze heures du soir.

En ce moment, on joue gros. Les deux cent mille manifestants (aux dires de certains, ils étaient trois cent mille) constituent-ils une force irrésistible qui finira par détrôner le Premier ministre Silvio Berlusconi? Ou les événements de Gênes marqueront-ils le début d'un long silence, d'une période où les citoyens vont associer les rassemblements de masse à une violence terrifiante?

Dans les semaines qui ont suivi immédiatement le Sommet, tous les regards étaient braqués sur la brutalité de la police italienne : le meurtre du jeune Carlo Giuliani, des cas de torture signalés dans les prisons, la sanglante descente nocturne sur une école où dormaient des militants.

Toutefois, Berlusconi, issu du monde de la publicité, n'est pas prêt à laisser d'autres récupérer à leur profit les événements de Gênes. Il se démène furieusement pour changer d'image, se dépeignant en «bon père de famille» décidé à sauver sa progéniture d'un danger imminent. En l'absence d'une menace véritable, il en a fabriqué une de toutes pièces : une obscure conférence des Nations Unies sur la faim, qui devait se tenir à Rome du 5 au 9 novembre 2001. Au milieu d'un énorme tapage médiatique, Berlusconi a annoncé que cette réunion de l'Organisation pour l'alimentation et l'agriculture (FAO) des Nations Unies ne pourrait avoir lieu à Rome, «ville sacrée», parce que, a-t-il poursuivi, «je ne veux pas qu'on saccage et qu'on brûle nos villes». Elle se déroulera plutôt dans un lieu éloigné (on songe au projet qu'a le Canada d'organiser le prochain sommet du G-8 à Kananaskis, en Alberta, petite ville loin de tout).

Comme simulacre de combat, on ne fait pas mieux. Personne n'avait prévu de perturber la réunion de la FAO. L'événement aurait attiré quelques manifestations mineures, de la part surtout des adversaires des aliments génétiquement modifiés. Quelques-uns espéraient profiter de l'occasion pour mettre en lumière les causes profondes de la faim, tout comme la Conférence des Nations Unies sur le racisme, tenue à Durban, en Afrique du Sud, avait nourri le débat sur l'indemnisation des descendants des esclaves.

Le directeur de la FAO, Jacques Diouf, semble se réjouir de voir l'organisme faire les manchettes. Après tout, même si on lui a confié d'écrasantes responsabilités – réduire de moitié la faim dans le monde –, la FAO n'intéresse à peu près personne de l'extérieur, ni les politiciens, ni les protestataires. Voilà son plus grand défi : elle fait tellement l'unanimité qu'elle en est presque invisible.

«Je suis tout simplement ravi qu'on ait tant discuté du lieu d'accueil de la réunion, a confié M. Diouf aux journalistes la semaine dernière. Maintenant, des gens de tous les pays savent qu'un sommet sera consacré aux problèmes liés à la faim. » [*Au bout du compte, la réunion a été reportée. Elle a eu lieu à Rome en juin 2002 et s'est déroulée sans incidents.*]

Si la menace de violence anti-FAO n'existe que dans les rêves de Berlusconi, les actions du Premier ministre s'inscrivent dans la vaste offensive lancée contre les libertés civiles dans l'Italie de l'après-Gênes. Dimanche, le ministre des Relations parlementaires, Carlo Giovanardi, a dit que durant la réunion de la FAO, en novembre, « il sera défendu de manifester dans la capitale. Nous avons le devoir, a-t-il poursuivi, d'interdire les manifestations dans certains lieux et à certains moments ». De la même façon, il est question de proscrire les rassemblements publics à Naples durant la prochaine réunion des ministres de l'OTAN, déplacée elle aussi dans un camp militaire situé en périphérie de la ville.

Les autorités ont même envisagé d'annuler un concert de Manu Chao vendredi dernier, à Naples. Ce musicien soutient les zapatistes et fait des chansons sur les immigrants « illégaux »; il a chanté à Gênes. C'était assez, semble-t-il, pour que la police croie l'émeute imminente. Dans un pays qui n'a pas oublié la logique de l'autoritarisme, on sent un frisson de mémoire : on commence par faire régner la peur et la tension, puis on suspend les droits constitutionnels pour mieux préserver l'« ordre public ».

Jusqu'ici, les Italiens ne semblent pas disposés à faire le jeu de Berlusconi. Manu Chao a donné son concert comme prévu. Sans aucune violence, bien sûr. Les soixante-dix mille spectateurs ont dansé comme des fous sous la pluie torrentielle, se libérant des tensions d'un été long et éprouvant.

Les policiers, omniprésents, observaient la scène d'un air las. Un jour de congé leur aurait sans doute fait le plus grand bien.

UN SPECTACLE SANS SUBSTANCE

SOMMES-NOUS UN MCMOUVEMENT?

Mai 2001

À première vue, l'idée de transformer Londres en gigantesque jeu de Monopoly, le 1er mai, semblait géniale.

Faisant fi des critiques habituelles selon lesquelles les manifestants modernes doivent se doter d'une orientation claire et d'objectifs bien définis – du genre «Sauvons les arbres» ou «Annuler la dette» –, les activistes anticommerciaux entendaient révéler justement les limites de l'approche particulariste. Las de se concentrer sur les symptômes – hôpitaux sous-financés, clochardisation, inégalités de plus en plus criantes, prisons surpeuplées, changements climatiques –, ils s'emploient maintenant à dénoncer le système économique à l'origine de tous ces maux. Mais comment critiquer des idées économiques abstraites sans tomber dans l'hystérie ou l'éparpillement?

Pourquoi ne pas utiliser le jeu de société qui a initié des générations d'enfants à la propriété foncière? Les organisateurs de la manifestation Monopoly du 1er mai, qui a eu lieu hier, ont distribué des plans annotés de Londres où figuraient des lieux bien connus, tels Regent Street, Pall Mall et Trafalgar Square. On encourageait les participants à situer leurs actions militantes de la journée sur la planchette Monopoly. Vous voulez manifester contre la privatisation? Rendez-vous à une gare ferroviaire. Contre l'industrialisation de la production agricole? Allez au McDonald's de King's Cross. Contre les combustibles fossiles? Choisissez la compagnie d'électricité. N'oubliez surtout pas votre carte «Sortie de prison».

Le problème, c'est que, hier après-midi, Londres ne s'est pas métamorphosée sous l'influence d'un savant mélange d'éducation populaire et de théâtre d'intervention. La scène ressemblait à n'importe quelle autre manifestation de masse: manifestants

142

coincés par la police anti-émeute, carreaux fracassés, magasins barricadés, bagarres sans fin avec la police. Et dans les guerres médiatiques d'avant les manifestations, c'était la rengaine de toujours. Les manifestants envisageaient-ils de recourir à la violence? La présence de six mille policiers les y inciterait-il? Pourquoi certains activistes refusent-ils de condamner la violence? Pourquoi parle-t-on toujours de violence?

Voilà, semble-t-il, le vrai visage des manifestations contemporaines. Autant parler de «McManifs», puisqu'elles sont identiques d'un lieu à l'autre. Bien sûr, je me répète moi aussi. En fait, presque tous mes textes récents portent sur la liberté d'assemblée pacifique, les clôtures de sécurité, le gaz lacrymogène ou les arrestations sommaires. Ou encore, j'ai cherché à corriger des perceptions erronées qu'on répand volontiers au sujet des activistes: qu'ils «s'opposent au commerce» ou encore qu'ils veulent retourner à une utopie pré-agraire.

Dans le credo de la plupart des milieux activistes, on tient pour acquis que les manifestations monstres sont toujours bénéfiques: elles stimulent le moral des troupes, mettent en valeur la force de frappe du mouvement, attirent les journalistes. À raisonner ainsi, on semble toutefois perdre de vue une chose: les manifestations en elles-mêmes ne constituent pas un mouvement. Elles ne sont que la face spectaculaire d'un mouvement solidement enraciné dans les écoles, les lieux de travail, les quartiers. Ou qui devrait l'être.

Me revient constamment en mémoire le jour historique, soit le 11 mars de cette année, où les commandants zapatistes sont entrés dans la capitale mexicaine. C'était le point culminant de l'insurrection réussie des zapatistes contre l'État, et pourtant, la population n'a pas été paralysée par la peur – au contraire, deux cent mille personnes sont descendues dans les rues pour les accueillir. On a fermé les rues à la circulation, mais personne ne semblait se préoccuper des banlieusards qui devaient rentrer chez eux. Et les commerçants n'ont pas barricadé leurs boutiques; ils ont consenti des soldes-minute sur le trottoir «en l'honneur de la révolution».

Est-ce parce que les zapatistes sont moins dangereux qu'une poignée d'activistes urbains en combinaison blanche? Quand même pas. C'est parce que l'entrée dans Mexico se préparait depuis sept ans (depuis cinq cents ans, diraient certains, mais c'est une autre histoire). Sept années passées à forger des coalitions avec d'autres groupes autochtones, avec les travailleurs des *maquiladoras*, les étudiants, les intellectuels et les journalistes; sept années passées à organiser de vastes consultations publiques, des *encuentros* (rencontres) de six mille personnes. La marche sur Mexico n'était pas le mouvement lui-même; c'était seulement l'expression pour le moins publique du travail invisible mené jour après jour.

Les mouvements de résistance les plus puissants sont toujours ancrés dans les collectivités, auxquelles ils rendent des comptes. Or, les manifestations tenues à Londres, hier, visaient la société de grande consommation et le déracinement qu'elle entraîne dans son sillage. En effet, la plupart des gens ignorent tout de leurs voisins, se limitent, au travail, à l'échange de propos anodins sur le shopping et n'ont pas une minute à consacrer à la politique communautaire. Comment créer un mouvement responsable lorsque le tissu social s'effiloche à ce point?

Dans le contexte du déracinement urbain, il y a sûrement des moments propices à l'organisation de manifestations; plus important encore peut-être, il y a des occasions de forger les liens qui font d'une manifestation bien plus qu'une simple scène théâtrale. Dans certains cas, être radical, c'est braver la police; dans beaucoup d'autres, c'est engager le dialogue avec son voisin.

Les enjeux soulevés par les manifestations du 1er Mai préoccupent maintenant une grande partie de la population. Les paniques alimentaires, le génie génétique, les changements climatiques, les inégalités de revenus, les ratés de la privatisation, autant d'enjeux qui font la une des journaux. Toutefois, signe d'un grave malaise, les manifestations semblent encore coupées des préoccupations urgentes de tous les jours. On confond, semble-t-il, le défilé et le travail plus ingrat d'édification d'un mouvement.

IV

L'EXPLOITATION DE LA TERREUR

Où on prend prétexte des attentats du 11 septembre
pour bâillonner les critiques,
faire adopter à toute vapeur de nouveaux accords commerciaux,
revoir l'image de marque des États-Unis –
et faire de l'achat de soutiens-gorge un devoir patriotique

LE FROID CALCUL DE LA SOUFFRANCE

QUAND CERTAINES VIES COMPTENT PLUS QUE D'AUTRES

Octobre 2001

L'allocution qui suit a été prononcée devant les journalistes réunis pendant trois jours au colloque Mediemötet («Rencontre sur les médias») 2001, tenu à Stockholm, en Suède, à l'occasion du centième anniversaire de la Fédération suédoise du journalisme.

C'est un véritable privilège que de pouvoir prendre la parole devant un si grand nombre d'éminents journalistes suédois, à un tournant de l'histoire de notre profession. En m'invitant, il y a six mois, à participer à ce colloque, on m'a demandé de traiter de la mondialisation, de la concentration des médias et des questions à l'origine du mouvement mondial de manifestation : les inégalités de plus en plus criantes et l'instauration d'un système international de deux poids, deux mesures. Sans négliger ces thèmes, je tiens à les situer dans la perspective des événements qui nous préoccupent tous aujourd'hui : les attentats perpétrés contre les États-Unis le mois dernier et les bombardements en cours en Afghanistan sous la direction de l'armée américaine.

On me permettra une petite anecdote pour entrer dans le vif du sujet. À vingt-trois ans, j'ai déniché un premier emploi de réviseur dans un journal. La salle de rédaction fermait à onze heures du soir, mais deux personnes restaient en poste jusqu'à une heure du matin dans l'éventualité d'un événement majeur qui justifierait qu'on rouvre la une. Lors de mon premier quart de nuit, une tornade dans le sud des États-Unis a fait trois victimes ; le rédacteur qui était de service ce soir-là a décidé d'en traiter en une. La fois suivante, ayant appris sur le fil de presse la mort de cent quatorze personnes en Afghanistan, j'ai cru bon d'en prévenir mon supérieur. J'étais jeune, ne l'oubliez pas, et il me semblait que si la mort de trois personnes méritait la une, celle de cent quatorze Afghans constituait forcément un événement majeur. Je n'oublierai jamais sa réponse: «Ne t'en fais pas, a-t-il dit, ces gens-là n'arrêtent jamais de s'entretuer.»

Depuis le 11 septembre, cet incident m'est revenu en mémoire. Il me semble montrer qu'en tant que journalistes, nous sommes pour beaucoup dans le sentiment – sans cesse confirmé – que la mort et le meurtre sont tragiques, extraordinaires et intolérables dans certaines régions du globe, et banals, ordinaires, inévitables, voire normaux, ailleurs.

Pour tout vous dire, la jeune femme naïve de vingt-trois ans vit encore en moi. Et je continue de croire qu'en plus d'être moralement répréhensible, cette idée selon laquelle certaines vies sont sans prix et d'autres, sans valeur a contribué à déclencher la violence sanglante à laquelle nous nous trouvons confrontés aujourd'hui.

Ce calcul froid, brutal, presque inconscient, pénètre notre psyché collective, nous déforme et nous mutile. Il engendre l'audace de ceux qui se savent invisibles – ceux qui savent ne pas compter. Et qu'en est-il de nous, journalistes? Nous comportons-nous en observateurs impartiaux de ces mathématiques mortelles?

Hélas, non: c'est nous qui faisons l'essentiel de ces calculs. Le pouvoir de représenter telle vie en technicolor, alors que telle autre n'aura droit qu'à des teintes de gris, nous appartient en propre. C'est nous qui crions à la catastrophe ou qui haussons les épaules, indifférents; nous qui louons des héros ou nous contentons de déballer de froides statistiques; nous qui tranchons entre les victimes anonymes, tels les Africains tués en 1998 dans le bombardement des ambassades américaines, et celles dont on célèbre l'histoire, la famille, la vie – tels les pompiers de New York.

Le 11 septembre, devant la télé diffusant sans fin les mêmes images des bâtiments qui s'effondaient à New York et à Washington, je n'ai pu m'empêcher de penser à toutes les fois où les médias nous ont épargné la vue d'horreurs semblables survenues ailleurs. Durant la guerre du Golfe, par exemple, on ne nous a montré ni immeubles bombardés ni civils en fuite, seulement un champ de bataille aseptisé, style «Space Invader», une version à vue de bombe de quelques cibles concrètes: elles étaient là, puis la seconde d'après – pouf! – elles s'étaient envolées. Qui se trouvait à l'intérieur de ces polygones abstraits? L'histoire ne le dit pas.

Le réseau CNN ne couvre pratiquement pas le bombardement de l'Iraq, toujours en cours, et n'a consacré aucun reportage aux effets catastrophiques des sanctions économiques sur les enfants de ce pays. Après le bombardement en 1998 d'une usine de produits pharmaceutiques au Soudan (on avait cru à une usine d'armes chimiques), il n'a guère été question de l'impact de cet anéantissement de la capacité de production de vaccins sur les programmes de prévention de la maladie dans la région.

Et lorsque l'OTAN a bombardé au Kosovo des cibles civiles – des marchés, des hôpitaux, des convois de réfugiés, des trains de passagers –, le réseau NBC ne s'est pas précipité pour interroger les «gens de la rue» sur le coup que leur avait porté cette destruction aveugle.

Cette «couverture version jeu vidéo» de la guerre est une manifestation concrète de l'idée-force qui régit la politique étrangère américaine depuis la guerre du Golfe, à savoir qu'on peut intervenir dans de multiples conflits un peu partout – en Iraq, au Kosovo, en Afghanistan – en faisant un minimum de victimes américaines. Le gouvernement des États-Unis croit dur comme fer à cet oxymore parfait : une guerre sûre.

Répercutée à l'infini par notre couverture tendancieuse des conflits mondiaux, cette logique exacerbe, dans bien des régions du monde, la rage aveugle que provoque cette asymétrie durable dans la souffrance. C'est alors que, au lieu de formuler des revendications précises, des revanchards tordus obéissent à leur besoin viscéral de voir les citoyens américains souffrir autant qu'eux.

Nous, les journalistes, avons beau jeu de nous dire que nous n'avons d'autre choix que de participer à ce calcul brutal de la souffrance. Évidemment, certaines disparitions pèsent plus lourd que d'autres dans la balance. Il y a tout simplement trop de carnages dans le monde pour que nous pleurions chaque mort ou même chaque tuerie. Pour éviter de sombrer, nous faisons des distinctions arbitraires : ainsi, les enfants nous importent plus que les adultes, et les gens qui nous ressemblent plus que ceux qui ne nous ressemblent pas.

Cette réaction est peut-être naturelle, si l'on ose employer ce mot. Mais de tels calculs deviennent nettement plus préoccupants dans le contexte des empires médiatiques mondiaux en pleine consolidation, source principale de nouvelles pour un très grand nombre d'habitants de la planète. Les géants CNN, BBC et Newscorp ont beau affecter d'être des réseaux internationaux sans attaches géographiques, leur perspective est de toute évidence américaine ou européenne; le «nous» qu'ils emploient porte la marque de New York, d'Atlanta ou de Londres. Or, qu'arrive-t-il quand les étroits partis pris culturels de ce «nous» local – mal déguisé en «nous» mondial – sont diffusés par satellite aux quatre coins de notre planète en proie à de profondes divisions?

Peu de gens remettent en cause cette universalisation progressive, et encore moins les créateurs de médias planétaires. Il semble acquis désormais que tous partagent la même culture, et puisque nous regardons tous les mêmes mauvais films, adorons Jennifer Lopez, portons des baskets Nike et mangeons chez McDonald's, nous devrions pleurer les mêmes morts: celle de Diana, celle des pompiers new-yorkais. Mais la transmission se fait inévitablement à sens unique. Le «nous» mondial – tel qu'il a été défini par Londres et par New York – pénètre désormais dans les foyers et les bars de régions du monde qui échappent de toute évidence à ses confins étroits. Les pertes qui surviennent dans ces pays passent à nos yeux pour locales plutôt qu'universelles, et la douleur immense que nous projetons aux quatre coins de la terre a pour effet de les banaliser.

Peut-être répugnons-nous, en tant que journalistes, à regarder en face les conséquences de nos calculs, mais l'ignorance n'est plus de mise. Grâce aux satellites, nos partis pris, notre esprit de clocher sont là, exposés à tous les regards. À trop vouloir imposer notre souffrance au monde entier, nous rappelons à «ces gens-là» la distance infranchissable qui les sépare du «nous» mondial. Et cela les met en rage.

Depuis les attentats du 11 septembre, des amis sud-africains et iraniens m'ont dit leur immense colère à l'idée qu'on exige d'eux de grandes manifestations de chagrin. Il est raciste, affirment-ils, de demander au monde entier de pleurer et de venger les victimes américaines, alors que les morts survenues dans leurs pays, si nombreuses, ne sont ni pleurées ni vengées. Vous vous trouvez dans une impasse morale, leur ai-je répondu: être humain, n'est-ce pas justement pleurer mutuellement nos pertes cruelles? Et pourtant, j'en suis venue à admettre, à contrecœur, que je leur en demande peut-être trop. Ceux qui ont déjà été confrontés à notre indifférence devant la perte de leurs êtres chers, ceux qui connaissent notre compassion à sens unique estiment peut-être que nous, Occidentaux, avons, du moins provisoirement, perdu le droit à leur commisération.

Le Canada vient de traverser un immense scandale : l'une des féministes les plus en vue du pays a déclaré que « le sang était le moteur de la politique étrangère américaine ». Affirmation inacceptable, aux yeux de beaucoup, après les attentats de New York et de Washington ; certains voulaient même l'inculper de propagande haineuse. En guise de défense, Sunera Thobani, elle-même immigrante au Canada, a dit avoir pesé ses mots : elle voulait faire comprendre que malgré le langage désincarné à la mode – « bombes intelligentes », « armes de précision », « dommages collatéraux » –, les victimes des agressions américaines saignent elles aussi.

« J'ai voulu redonner à ces peuples leur pleine humanité en utilisant une formule crue, écrit-elle. Obliger chacun à voir enfin la réalité matérielle de ce territoire où on fait pleuvoir les bombes et régner la terreur. Ce langage concret exige de "nous" la reconnaissance qu'"eux", tout comme "nous", ont mal et souffrent. »

Voilà, semble-t-il, la « civilisation » que nous défendons : des querelles pour savoir qui a le droit de saigner. « La compassion, m'a écrit un ami la semaine passée, n'est pas un jeu à somme nulle. En même temps, cette hiérarchie de la mort selon laquelle un Américain vaut deux Européens de l'Ouest, dix Yougoslaves, cinquante Arabes ou deux cents Africains – hiérarchie déterminée à parts égales par le pouvoir, la richesse et la race – a quelque chose de proprement intolérable. »

Nous, des médias, devons entreprendre une réflexion de fond sur notre travail et, confrontés à cette dévalorisation de la vie humaine, source de tant de rage et d'actions d'éclat, nous interroger sur notre part de responsabilité. En général, nous avons un fort penchant à la complaisance, convaincus que nous sommes de favoriser la compassion et le rapprochement. N'oubliez pas que la télévision par satellite devait répandre la démocratie dans le monde entier – c'est du moins ce qu'on prétendait en 1989. Le président de Viacom International, Sumner Redstone, a dit un jour ceci : « Le lendemain de la première diffusion de MTV en Allemagne de l'Est, le mur de Berlin est tombé. » Rupert Murdoch a pour sa part affirmé que « la radiodiffusion par satellite permet aux habitants assoiffés d'informations de nombreuses sociétés fermées de contourner la télévision d'État ».

Et pourtant, dix ans plus tard, il est évident qu'au lieu de semer la démocratie, la télévision « mondiale » a jeté à la tête des gens les inégalités et les asymétries, d'où des vagues de ressentiment. En 1989, les journalistes occidentaux passaient pour les alliés des combattants de la liberté. «Le monde entier nous regarde», scandaient les foules durant la Révolution de velours et place Tiananmen. De nos jours, les journalistes subissent couramment les agressions verbales des manifestants, qui les accusent d'être l'un des rouages du système qui occulte les inégalités et marginalise les voix discordantes. Et puis cette semaine, hélas, quelques journalistes américains, ayant trouvé dans leur courrier des lettres imprégnées de poudre blanche, sont devenus subitement, et à leur grande stupéfaction, des acteurs de l'histoire qu'ils s'employaient à couvrir.

Dans ce conflit, presque tout revient à savoir qui a le droit d'être vu et entendu; à savoir quelles vies comptent vraiment. Au-delà de la destruction, les attentats de New York et de Washington ont été conçus comme des spectacles éminemment théâtraux. Et de fait, on les a filmés sous tous les angles, joués et rejoués, on a revécu le moment mille fois. Qu'en est-il en revanche de ce qui se passe actuellement en Afghanistan? Le département d'État américain a demandé aux réseaux de télévision et aux journaux de s'abstenir de diffuser les communications de ben Laden, de crainte qu'elles n'attisent le sentiment antiaméricain. Et moyennant deux millions de dollars par mois, le Pentagone se réserve l'entière capacité de l'unique satellite privé de l'Afghanistan offrant une résolution suffisante pour que les êtres humains apparaissent à l'écran avec netteté.

Si nous pouvions voir, sur nos écrans de télévision, les gens qui agonisent en Afghanistan, les réfugiés qui s'enfuient, ces morts et cette destruction commenceraient, du moins jusqu'à un certain point, à avoir la même réalité, la même humanité que celles de New York et de Washington. Au lieu de regarder un jeu vidéo aseptisé, nous nous trouverions confrontés à des êtres de chair et de sang. Mais aucune de ces images ne peut être diffusée sans l'autorisation du département de la Défense – jamais.

Cette guerre silencieuse visant à déterminer quelles sont les vies qui comptent vraiment, quelles sont les morts qui méritent un deuil collectif n'a pas éclaté le 11 septembre, tant s'en faut. En fait, l'onde de choc ressentie ce jour-là s'explique en grande partie par l'immense souffrance qui avait cours dans le monde, mais qui avait été pratiquement passée sous silence par les médias américains, obnubilés par l'euphorie de la prospérité et du commerce.

Ainsi, le 11 septembre, les Américains se sont réveillés en pleine guerre pour apprendre qu'en réalité elle faisait rage depuis des années – à leur insu. Pendant ce temps, les médias parlaient de O. J. Simpson, pas des enfants iraquiens victimes des sanctions économiques. Ils entretenaient le public de Monica Lewinsky, pas des conséquences du bombardement de l'usine de produits pharmaceutiques du Soudan. Ils s'intéressaient à *Survivor*, pas au rôle joué par la CIA dans le financement des guerriers moudjahidin. «Tout le mal est là, affirme la romancière indienne Arundhati Roy: l'Amérique est en guerre contre des gens qu'elle ne connaît pas bien, puisqu'ils ne passent pas souvent à la télé.»

Christopher Isherwood a écrit un jour à propos des Américains: «Les Européens nous haïssent parce que nous nous sommes repliés sur nous-mêmes pour vivre dans nos publicités, à la manière d'ermites retirés dans des cavernes pour s'y livrer à la contemplation.» Ce repli dans un cocon médiatique auto-référentiel expliquerait en partie l'impression selon laquelle les attentats du 11 septembre venaient non pas d'un autre pays, mais d'une autre planète, d'un univers parallèle – tant était énorme le sentiment de désorientation et de perte des repères.

Au lieu de revenir en arrière et de combler le vide – au moyen de l'information, de l'analyse, de la compréhension –, on entonne plutôt à l'unisson le refrain suivant: les attentats sont arrivés *ex nihilo*, ils sont inexplicables, le passé n'y est pour rien; «ils» nous détestent, «ils» veulent nous priver de notre démocratie, de nos libertés, de nos possessions. Plutôt que de chercher la cause des attentats, nos réseaux de télévision se contentent de nous les passer en reprise.

Au moment précis où les Américains ont plus que jamais besoin de nouvelles du monde extérieur – y compris d'informations sur le rôle complexe et troublant qu'y joue leur pays –, on ne leur renvoie encore et toujours que leur propre reflet: des Américains qui pleurent, des Américains en voie de guérison, des Américains qui applaudissent, des Américains qui prient. Une galerie de miroirs médiatique, alors même qu'il nous manque à tous des fenêtres ouvertes sur le monde.

LES NOUVEAUX OPPORTUNISTES

QUAND LES NÉGOCIATIONS COMMERCIALES PRENNENT DES ALLURES DE GUERRE SAINTE

Octobre 2001

Depuis les atrocités du 11 septembre, les candidats au prix du «plus grand opportuniste politique» ne manquent pas: politiciens adoptant à toute vapeur des lois qui bouleverseront nos vies alors que les électeurs sont encore plongés dans le deuil, entreprises avides de liquidités, pontifes de la presse accusant leurs adversaires de trahison. Dans ce concert de propositions draconiennes et de menaces à la McCarthy, une voix se démarque malgré tout: celle de Robyn Mazer, qui profite des événements du 11 septembre pour réclamer une guerre mondiale contre les faux tee-shirts de marque.

On ne s'étonnera pas d'apprendre que Mazer est avocate en droit commercial établie à Washington, et encore moins de savoir qu'elle est spécialiste des lois qui protègent la plus grande exportation américaine: la propriété intellectuelle. De nombreux domaines sont en jeu: musique, films, logos, brevets de semences, logiciels et bien plus. L'Accord parallèle sur les aspects des droits de propriété intellectuelle qui touchent au commerce (APDIC ou, en anglais, TRIPS), l'un des accords parallèles les plus controversés, divise profondément l'opinion au moment où se prépare la réunion de novembre 2001 de l'Organisation mondiale du commerce, qui aura lieu au Qatar. L'accord est à l'origine de nombreux différends, qui vont de la distribution par le Brésil de médicaments génériques contre le sida au marché florissant des CD piratés de Britney Spears en Chine.

Les multinationales américaines meurent d'envie d'avoir accès à ces gros marchés, mais elles réclament en même temps des mesures de protection. De leur côté, beaucoup de pays pauvres disent devoir dépenser des millions de dollars pour faire respecter l'accord, sans compter que les principes qui régissent la propriété intellectuelle font grimper les coûts de production et le prix de vente.

Quel rapport y a-t-il donc entre ces altercations commerciales et le terrorisme? Aucun, absolument aucun. À moins, bien sûr, de poser la question à Robyn Mazer, qui a signé la semaine dernière, dans le *Washington Post*, un article intitulé: «Des tee-shirts au terrorisme: les contrefaçons de Nike contribuent peut-être au financement du réseau de ben Laden.»

Elle écrit: «Les événements récents donnent à croire que plusieurs gouvernements soupçonnés de soutenir al-Qaïda font aussi la promotion d'un très lucratif trafic de produits contrefaits ou piratés susceptible de garantir aux terroristes d'énormes rentrées d'argent, se laissent corrompre par ce trafic ou, à tout le moins, feignent de ne rien voir.»

«Donnent à croire», «soupçonnés de», «susceptible de», «à tout le moins»: voilà bien des précautions oratoires dans une seule phrase, surtout de la part d'une ex-employée du département américain de la Justice. La conclusion, elle, est toutefois sans équivoque: soit on fait respecter l'APDIC, soit on est du côté des terroristes. Bienvenue dans le «meilleur des mondes»: dans les négociations commerciales, chaque clause obscure respire désormais l'indignation vertueuse de la guerre sainte.

L'opportunisme politique de Robyn Mazer soulève des contradictions intéressantes. Le représentant des États-Unis pour le commerce extérieur, Robert Zoellick, met les événements du 11 septembre au service d'un autre but opportuniste: obtenir pour le compte du président George W. Bush une procédure accélérée de négociation de nouveaux accords commerciaux en vertu de laquelle le Congrès n'aurait que le pouvoir de les entériner ou de les rejeter, pas celui de les amender. Selon Zoellick, ces nouveaux pouvoirs s'imposent en raison de la capacité qu'a le commerce de «promouvoir les valeurs qui se trouvent au cœur de notre lutte de longue haleine».

Quels liens y a-t-il donc entre les nouveaux accords commerciaux et la lutte au terrorisme? Eh bien, les terroristes, semble-t-il, détestent les États-Unis précisément parce qu'ils détestent la culture de consommation: McDonald's, Nike, le capitalisme – la liberté, quoi. Le commerce est donc un défi lancé à leur croisade austère, puisqu'il répand ces produits honnis.

Mais qu'en est-il en fait de tous ces vêtements contrefaits qui servent, selon Mazer, à financer la terreur? En Afghanistan, prétend-elle, on peut acheter «des tee-shirts frappés d'un faux logo Nike, qui célèbrent ben Laden en tant que "grand moudjahid de l'Islam"». Le problème va donc bien au-delà d'une simple opposition entre McWorld de la consommation et djihad anticonsumériste. Si Mazer a raison, non seulement les deux mondes sont-ils inextricablement liés, mais en plus les images de McWorld servent à financer le djihad.

Au fond, un peu de complexité peut se révéler bénéfique. Beaucoup d'Américains se trouvent désorientés aujourd'hui, en raison, entre autres, du rôle excessif et simpliste attribué à la consommation dans leur récit national. J'achète, donc je suis. J'achète, donc j'aime. J'achète, donc je vote. Les non-Américains qui convoitent les baskets Nike – même contrefaites – aspirent sûrement à être Américains, aiment l'Amérique, votent en quelque sorte en faveur de tout ce que représente l'Amérique.

Voilà le conte de fées qui circule depuis 1989, année au cours de laquelle les entreprises médiatiques qui nous offrent maintenant la «guerre» de l'Amérique contre le terrorisme ont déclaré que leurs satellites de télévision allaient renverser toutes les dictatures du monde : avec la consommation viendrait la liberté. Mais ces récits lénifiants s'effilochent à présent : l'autoritarisme et la consommation cohabitent, la soif de produits américains se teinte de rage en raison de l'inégalité.

Rien ne fait mieux ressortir ces contradictions que les guerres commerciales livrées aux contrefaçons. Le piratage se porte à merveille dans les grands cratères de l'inégalité mondiale, là où la demande en biens de consommation a des décennies d'avance sur le pouvoir d'achat. Il fleurit en Chine, où le prix des biens fabriqués dans les sweatshops – et destinés exclusivement à l'exportation – dépasse le salaire mensuel d'un ouvrier. En Afrique, où le prix des médicaments contre le sida est une sinistre blague. Au Brésil, où les as du piratage de CD sont célébrés à titre de Robin des Bois de la musique.

La complexité est l'ennemie jurée de l'opportunisme. Elle nous rapproche toutefois de la vérité, même s'il faut pour y arriver passer par de nombreuses versions contrefaites.

LES KAMIKAZES DU CAPITALISME

À LA RÉUNION DE L'OMC, AU QATAR, LES NÉGOCIATEURS COMMERCIAUX ÉTAIENT LES VRAIS FANATIQUES

Novembre 2001

Comment appelle-t-on celui qui, fort de la conviction que le salut réside dans le respect de quelques règles rigides, est prêt à sacrifier sa vie pour assurer leur propagation ? Un fanatique religieux ? Un fantassin de la guerre sainte ? Ou, peut-être, un négociateur commercial américain ?

Vendredi marquera le premier jour de la réunion de l'Organisation mondiale du commerce à Doha (au Qatar). D'après des informations dévoilées lors de briefings des services de sécurité américains, on a des raisons de croire que quelques agents secrets du réseau al-Qaïda, qui ne manque pas d'adeptes dans ce petit État du golfe Persique, ont réussi à entrer au pays. Parmi eux se trouverait un spécialiste des explosifs. Des terroristes sont peut-être même parvenus à infiltrer l'armée qatarienne. On aurait pu croire que, confrontés à une telle menace, les États-Unis et l'OMC allaient juger bon d'annuler la réunion. C'est mal connaître ces fanatiques.

Ils ont préféré équiper les délégués américains de masques à gaz, de radios bidirectionnelles et de médicaments contre le bioterrorisme. (Les délégués canadiens ont reçu des médicaments, eux aussi.) Pendant que les négociateurs discuteront âprement des subventions agricoles, du bois d'œuvre et des brevets pharmaceutiques, des hélicoptères attendront, prêts à transporter en un clin d'œil les délégués américains vers les porte-avions déployés dans le golfe Persique. On se croirait dans un épisode de *Batman*. Ce qui se passe à Doha n'a plus rien à voir avec les négociations commerciales habituelles; c'est tout nouveau comme façon de faire. Appelons cela le capitalisme kamikaze.

La semaine dernière, Robert Zoellick, représentant des États-Unis pour le commerce extérieur, a loué l'«esprit de sacrifice» de ces délégués face à des «risques évidents». Pourquoi affichent-ils autant de zèle? Ils obéissent vraisemblablement à la même motivation que tous ceux qui mettent leur vie au service d'une cause : la croyance en des règles réputées garantir la transcendance.

En l'occurrence, le dieu qu'ils adorent est la croissance économique, censée nous éviter de sombrer dans une récession mondiale. L'accès à de nouveaux marchés, la privatisation de nouveaux secteurs, de nouveaux règlements à passer à la moulinette – voilà à quelle condition les flèches que l'on aperçoit au coin de l'écran télé pointeront de nouveau vers le ciel.

Bien sûr, il ne suffit pas d'une réunion pour instaurer la croissance économique, mais Doha répond à un autre objectif, d'ordre moins économique que religieux : envoyer un «message» au marché pour signaler que la croissance est imminente, que l'expansion est à nos portes. Une nouvelle ronde ambitieuse de négociations de l'OMC : voilà ce qu'on demande dans ses prières. Ce signe, les pays riches comme les nôtres l'attendent désespérément. Occupés à l'appeler de tous leurs vœux, ils trouvent bien moins urgent de purger les règles actuelles de l'OMC de leurs irritants, à la demande surtout des pays pauvres, las d'un système qui les oblige à abaisser leurs barrières commerciales alors que les pays riches conservent les leurs.

On ne s'étonnera donc pas de trouver, parmi les opposants les plus farouches à cette ronde de négociations, les pays pauvres. Avant d'accepter une augmentation spectaculaire des pouvoirs de l'OMC, ces nations réclament que les pays riches tiennent les promesses de la ronde précédente. Les différends majeurs sont légion : on pense notamment aux subventions agricoles et au dumping, aux tarifs imposés aux vêtements et au brevetage du vivant. La question la plus litigieuse est toutefois celle des brevets pharmaceutiques. L'Inde, le Brésil, la Thaïlande et une coalition formée de pays africains réclament une clause indiquant clairement qu'on peut déroger à un brevet pour protéger la santé publique. Les États-Unis et le Canada s'y opposent vertement – et leur opposition n'est pas tempérée par le fait que leurs propres délégués, en route vers le Qatar, croquaient des Cipro bon marché, arrachées à Bayer au moyen de pressions identiques à celles qu'ils qualifient de pratiques commerciales déloyales.

Aucune de ces préoccupations ne figure dans le projet de déclaration ministérielle. Voilà pourquoi le Nigeria vient de dénoncer le caractère «partisan» de l'OMC et son «refus de tenir compte des préoccupations des pays en voie de développement et moins développés». La semaine dernière, l'ambassadeur de l'Inde auprès de l'OMC a affirmé que le projet de déclaration «donne l'impression troublante qu'on n'a fait aucun effort pour mettre au cœur des débats des questions touchant de près les pays en voie de développement».

À ces manifestations, l'OMC fait pour l'essentiel la sourde oreille. Les négociateurs adorent un seul dieu : la croissance. Toute mesure susceptible de rogner, même de façon minime, sur les bénéfices des grandes sociétés – produits pharmaceutiques, pétrole, eau – est forcément, aux yeux des croyants fervents, l'œuvre d'infidèles et de scélérats.

Le commerce se voit donc «intégré» (à la manière de Microsoft) à la logique binaire de la «guerre contre le terrorisme»: ceux qui ne sont pas avec nous sont contre nous. La semaine passée, Zoellick a expliqué que «c'est en faisant avancer les priorités de l'OMC que [...] les cent quarante-deux nations en cause peuvent faire obstacle au révulsif destructionnisme terroriste»; l'ouverture des marchés, a-t-il ajouté, «sert d'antidote» au «rejectionnisme violent» des terroristes. (Comme il se doit, ces arguments spécieux reposaient sur un amalgame de mots inventés.)

Zoellick a enjoint aux pays membres de l'OMC d'oublier des questions insignifiantes comme la faim dans le monde et le sida pour se rallier au combat économique mené par les Américains. «Nous espérons que les représentants réunis à Doha ne lâcheront pas la proie pour l'ombre», a-t-il dit.

Les négociations commerciales sont une affaire de pouvoir et de débouchés; aux yeux des kamikazes du capitalisme réunis à Doha, le terrorisme est une occasion comme une autre. Peut-être devraient-ils faire leur la devise de Nietzsche : ce qui ne nous tue pas nous rend plus forts. Beaucoup plus forts.

LE RETOUR TERRIFIANT DES GRANDS HOMMES

QUAND QUELQUES-UNS DEVIENNENT PLUS GRANDS QUE NATURE, LES AUTRES SE FONT PIÉTINER

Décembre 2001

Depuis la diffusion de la fameuse bande vidéo où on le voit évoluer, chaque geste, chaque ricanement, chaque mot d'Oussama ben Laden a été scruté à la loupe. Tous les regards se sont braqués sur lui, et l'autre vedette de la bande vidéo, le «cheik», dit-on laconiquement dans la transcription officielle, n'a guère retenu l'attention. C'est dommage, car indépendamment de son identité (au sujet de laquelle plusieurs théories circulent), cet homme offre un rare aperçu de la psychologie de ceux pour qui le massacre collectif est un jeu fabuleux.

Le thème récurrent des monologues de cet invité surexcité : la conviction de vivre une époque aussi exaltante que celle décrite dans le Coran. Cette guerre, dit-il, rappelle celles qui avaient lieu «du vivant du prophète Mahomet, ce sont exactement les mêmes événements». Il ajoute que «ça ressemblera aux jours lointains d'al-Moudjahidin et d'al-Ansar [*c'est-à-dire aux premiers jours de l'islam*]. Et au cas où on n'aurait pas saisi, il précise enfin : «comme à l'époque d'Abu Bakr, d'Uthman, d'Ali et de tous les autres. De nos jours, à notre époque…».

Il est facile de mettre cette nostalgie au compte de la théorie habituelle voulant que les disciples d'Oussama ben Laden n'aient jamais quitté le Moyen Âge. Mais les commentaires du cheik semblent aller plus loin. Celui-ci aspire à renouer non pas avec un austère mode de vie moyenâgeux, mais avec une ère mythique, où les hommes étaient semblables à Dieu et les batailles, épiques. Où l'histoire s'écrivait avec un grand H. «Va te faire foutre, Francis Fukuyama, semble dire le cheik. L'histoire n'est pas encore finie. Nous sommes en train de la faire ici, en ce moment même!»

Un peu partout, depuis le 11 septembre, on assiste au retour en force du grand récit: hommes élus, empire du mal, machinations, batailles héroïques. Tout cela est redevenu furieusement d'actualité. La Bible, le Coran, le choc des civilisations, *Le Seigneur des anneaux* – nous revivons tout cela, «de nos jours, à notre époque».

L'épopée de la rédemption, notre mythe le plus tenace, a un envers dangereux. Lorsqu'une poignée d'hommes décident de vivre selon leurs mythes, d'être plus grands que nature, leurs actes ont forcément un impact sur les vies à dimensions plus humaines. Les gens apparaissent alors insignifiants en comparaison, et on peut les sacrifier sans mal au nom de quelque dessein supérieur.

Pourtant, la chute du mur de Berlin était réputée avoir enterré cette épopée sous les décombres, signant ainsi la victoire décisive du capitalisme.

La théorie de Francis Fukuyama sur la «Fin de l'Histoire» a plongé dans une rage compréhensible les vaincus de ce combat de gladiateurs, qu'il s'agisse des partisans du communisme planétaire ou, dans le cas d'Oussama ben Laden, des militants d'une version impérialiste de l'islam. Depuis le 11 septembre, toutefois, on voit clairement que, pour les protagonistes américains de la Guerre froide aussi, la «Fin de l'Histoire» s'est révélée une fausse victoire. Depuis 1989, semble-t-il, beaucoup d'entre eux ont de leur récit épique la nostalgie qu'inspire un membre fantôme.

Durant la Guerre froide, consommer, aux États-Unis, ce n'était pas seulement se faire plaisir; c'était aussi rallier le front économique sur lequel se livrait la grande bataille. Lorsque les Américains se rendaient dans les magasins, ils participaient à un mode de vie que les cocos étaient réputés vouloir abolir. Le contraste entre les centres commerciaux kaléidoscopiques et les boutiques grises et quasi vides de Moscou ne tenait pas simplement à l'accessibilité des jeans Levi's 501 en Occident; dans la mythologie de l'époque, nos centres commerciaux incarnaient la liberté et la démocratie, alors que leurs rayons vides symbolisaient le contrôle et la répression.

Avec la fin de la Guerre froide et la disparition subite de cette toile de fond idéologique, la consommation a été dépouillée de sa grande signification symbolique. Sans idéologie, le shopping n'était plus que... du shopping. En réaction, les grandes sociétés ont créé l'image de marque «mode de vie», tentative de stimuler la consommation en tant qu'activité politique ou philosophique

161

par la vente d'idées-forces plutôt que de simples produits. Ainsi, des campagnes publicitaires ont lié les pulls Benetton à la lutte contre le racisme, les meubles Ikea à la démocratie et les ordinateurs à la révolution.

Pendant un certain temps, on est parvenu ainsi à combler le «vide de sens» lié à la consommation, tout en laissant inassouvies les ambitions des combattants d'arrière-garde de la Guerre froide. Devenus des exilés culturels dans le monde qu'ils avaient eux-mêmes créé, ces guerriers désabusés ont passé la décennie de leur plus grand triomphe non pas à s'enorgueillir du nouveau pouvoir incontesté des États-Unis, mais plutôt à déplorer amèrement le ramollissement du pays, sa «féminisation». Cette orgie de laisser-aller a trouvé en Oprah et en Bill Clinton ses plus augustes représentants.

Depuis le 11 septembre, toutefois, l'Histoire effectue un retour en force. Les consommateurs sont de nouveau les fantassins de la bataille du Bien et du Mal, arborant des soutiens-gorge Elita tout neufs à l'image du drapeau américain et croquant les M&M «édition spéciale», bleus, blancs et rouges, comme il se doit.

En incitant leurs citoyens à combattre le terrorisme par la consommation, les politiciens américains cherchent à stimuler une économie qui tourne au ralenti, certes, mais aussi à emballer les gestes de tous les jours dans le mythe – juste à temps pour Noël.

L'AMÉRIQUE N'EST PAS UN HAMBURGER

SA TENTATIVE DE REDÉFINITION À L'ÉTRANGER POURRAIT ÊTRE VOUÉE À UN ÉCHEC ENCORE PLUS RETENTISSANT QUE CELUI DU NOUVEAU COKE

Mars 2002

Lorsqu'elle a jugé que le moment était venu d'endiguer la vague de sentiment antiaméricain qui déferlait dans le monde entier, la Maison-Blanche ne s'est pas tournée vers un diplomate de carrière. Conformément à sa philosophie – selon laquelle le secteur privé enfonce systématiquement le secteur public –, l'administration Bush a engagé l'un des plus grands chefs de marque de Madison Avenue.

En tant que sous-secrétaire d'État à la diplomatie publique et aux affaires publiques, Charlotte Beers se voyait confier le mandat, non pas d'améliorer les relations avec les autres pays, mais bien de revoir de fond en comble l'image des États-Unis à l'étranger. Si Beers n'avait jamais travaillé au département d'État, elle avait été la grande patronne de deux agences de publicité, J. Walter Thompson et Ogilvy & Mather, où elle a créé des identités de marque pour des produits allant de la pâtée pour chiens aux perceuses mécaniques.

On lui demandait maintenant de mettre sa magie au service de l'ultime défi en matière d'image de marque : vendre les États-Unis et leur «guerre contre le terrorisme» à un monde de plus en plus hostile. Naturellement, la nomination d'une publicitaire à ce poste a soulevé quelques objections, mais le secrétaire d'État Colin Powell les a balayées du revers de la main. «Il n'y a pas de mal à recruter une spécialiste de la vente. Nous avons un produit à vendre. Il nous faut quelqu'un qui sache remodeler l'image de notre politique étrangère et de notre diplomatie.» De surcroît, dit-il, «cette femme m'a convaincu, moi, d'acheter du riz Uncle Ben's». Pourquoi donc, à cinq mois à peine de sa création, ce programme destiné à améliorer l'image de la marque «U.S.A.» semble-t-il battre de l'aile? À plusieurs reprises, on a dénoncé des messages d'intérêt public qui arrangeaient sérieusement la vérité. Et la mission de Beers en Égypte, en janvier dernier, destinée à rehausser l'image des États-Unis auprès des «leaders d'opinion» arabes, a fait chou blanc. Muhammad Abdel Hadi, rédacteur au journal *Al Ahram*, s'est dit frustré de sa rencontre avec Beers, qui a préféré, à la discussion de politiques états-uniennes concrètes, l'évocation de vagues valeurs américaines. «On a beau s'efforcer de leur expliquer les choses, dit-il, ces gens-là ne comprennent rien.»

À l'origine de ce malentendu se trouve vraisemblablement le point de vue de Beers elle-même: à ses yeux, la piètre image internationale des États-Unis n'est au fond qu'un problème de communication. Malgré le déferlement de culture «mondiale» en provenance de New York, de Los Angeles et d'Atlanta, malgré la diffusion de CNN au Caire et la présentation de *La Chute du faucon noir* sur les écrans de Mogadiscio, les Américains n'ont pas encore réussi, à en croire Beers, à «présenter leur point de vue».

En fait, c'est tout le contraire qui s'est produit: l'Amérique est plutôt victime du succès foudroyant de sa propre campagne promotionnelle. Les écoliers connaissent par cœur ses promesses de démocratie, de liberté et d'égalité des chances, tout comme ils savent associer McDonald's aux plaisirs de la vie en famille et Nike aux prouesses sportives. Et on s'attend à ce que les États-Unis soient à la hauteur de leurs promesses.

Si, dans le monde, ils sont des millions à être en colère, c'est précisément à cause des promesses non tenues de la politique américaine. Même si le président Bush affirme que les ennemis de l'Amérique jalousent sa liberté, la plupart de ses détracteurs ne trouvent rien à redire aux valeurs déclarées du pays. Ils dénoncent plutôt la volonté de l'Amérique de faire cavalier seul au mépris du droit international, le fossé grandissant qui sépare les nantis des défavorisés, le durcissement de l'attitude états-unienne vis-à-vis des immigrants et enfin les violations des droits de l'homme – les dernières en date dans les camps de prisonniers de la baie de Guantanamo. La colère naît non seulement de faits concrets, mais aussi de la certitude qu'il y a eu publicité trompeuse. Autrement dit, la «marque» américaine se porte à merveille – elle ne pourrait guère être plus forte. C'est plutôt le produit qui pose problème.

Un autre obstacle, plus profond celui-là puisqu'il est inhérent à la création d'une image de marque, compromet le lancement de la nouvelle Marque «U.S.A.». Une identité de marque réussie, comme l'écrivait récemment Allen Rosenshine, président-directeur général de BBDO Worldwide, dans *Advertising Age*, «repose sur un message conçu avec soin et communiqué dans l'uniformité et la discipline». Tout à fait. Sauf que Beers a pour mission de vendre la démocratie et la liberté, deux valeurs diamétralement opposées à «l'uniformité et la discipline». Quand on se rappelle également que, hérissés par des termes comme «États hors-la-loi», les principaux détracteurs des États-Unis ont déjà l'impression d'être contraints par la menace à filer doux, on voit bien que la campagne publicitaire de l'Amérique pourrait se retourner contre elle – violemment.

Dans le monde des affaires, l'«identité de marque», une fois définie en haut lieu, s'applique avec une précision toute militaire à l'ensemble des activités de la société. Parfois, on la modifie légèrement pour tenir compte des langues et des préférences culturelles locales (ainsi, à Mexico, McDonald's propose une sauce piquante), mais son essence – son esthétique, son message, son logo – est immuable.

Cette constance sous-tend ce que les chefs de marque se plaisent à appeler la «promesse» d'une marque: la garantie que, où que vous soyez dans le monde, vous vivrez, à Wal-Mart, dans un Holiday Inn ou dans un parc à thème Disney, une expérience familière et rassurante. Tout écart par rapport à l'homogénéité compromet la force globale de l'entreprise. C'est pour cette raison que la promotion à tous crins a pour revers inévitable de virulentes attaques en justice contre tous ceux qui compromettent la réussite de la société, que ce soit par le piratage de ses marques déposées ou par la diffusion sur Internet d'informations compromettantes à son sujet.

Au fond, l'image de marque repose sur un message rigoureusement contrôlé et diffusé à sens unique sous une forme parfaitement léchée, hermétiquement scellée, pour éviter que ce monologue d'entreprise ne débouche sur un dialogue social. La recherche, la créativité et le design président sans doute à la création d'une marque forte, mais pour en assurer la pérennité, rien ne vaut les lois anti-libelle et le droit d'auteur.

Leur souci fanatique de l'homogénéité n'abandonne jamais les chefs de marque qui passent du monde des affaires à celui de la politique. Interrogé sur le «problème d'image» de l'Amérique,

Wally Olins, co-fondateur du cabinet d'experts-conseils Wolff Olins, a déploré l'absence d'une unique image forte de ce que représente ce pays; selon lui, les gens ont en tête des dizaines, voire des centaines d'idées «qui donnent l'impression d'un fouillis extraordinaire; beaucoup chantent les louanges du pays tout en le dénigrant, parfois dans la même phrase».

Du point de vue de l'image de marque, il faut bien l'avouer, ce serait fort ennuyeux que les gens s'avisent de chanter les louanges de leur détergent en le dénigrant dans la même phrase. Cela dit, en ce qui concerne nos rapports avec un gouvernement, surtout avec celui du pays le plus riche et le plus puissant du monde, une certaine complexité semble de mise. Une vision nuancée des États-Unis – on peut admirer la créativité de ce pays, par exemple, tout en lui tenant rigueur de son double langage – n'est pas synonyme de «fouillis extraordinaire»; n'en déplaise à Olins, c'est plutôt la marque des gens réfléchis.

Si on s'élève un peu partout contre les États-Unis – en Argentine comme en France, en Inde comme en Arabie Saoudite –, c'est justement parce qu'on croit qu'ils exigent déjà des autres pays une «uniformité» et une «discipline» excessives et que, en dépit de leurs professions de foi en la démocratie et en la souveraineté nationale, ils n'admettent aucun écart par rapport au modèle économique connu sous le nom de «consensus de Washington». Que l'application de ces politiques, si bénéfiques pour les investisseurs étrangers, relève du Fonds monétaire international, sis à Washington, ou d'accords commerciaux internationaux, les détracteurs de l'Amérique trouvent que l'influence du modèle de gouvernance américain (pour ne rien dire de celle des marques américaines) dépasse déjà les bornes.

Il y a aussi une autre raison de ne pas assujettir la pratique de la gouvernance à une logique de marque. Lorsqu'elles essaient de déployer une image mondiale constante, les entreprises accouchent d'une série de franchises identiques; en revanche, un gouvernement qui en fait autant flirte dangereusement avec l'autoritarisme. Ce n'est pas un hasard si les leaders politiques obsédés par leur propre image de marque et par celle de leur parti étaient allergiques à la démocratie et à la diversité. On songe aux immenses fresques murales de Mao Zedong et à son *Petit Livre rouge*, ou encore, disons-le, à Adolf Hitler, homme complètement obnubilé par la pureté de l'image : pureté de son parti, de son pays et de sa race. Cette quête, par les dictateurs, d'une «marque» constante a son envers terrible : centralisation de l'information, mainmise de l'État sur les médias, camps de rééducation, élimination des dissidents, et pis encore.

Heureusement, la démocratie est animée d'une tout autre vision. À la différence des supermarques hautement prévisibles et disciplinées, la véritable démocratie est brouillonne, turbulente, voire carrément rebelle. L'image réconfortante concoctée par Beers et ses collègues a beau convaincre Colin Powell d'acheter du riz Uncle Ben's, les États-Unis ne se composent pas de grains de riz identiques, de hamburgers fabriqués en série ou de *khakis* Gap.

L'«attribut de marque» le plus fort du pays, pour emprunter le langage du milieu dont provient Beers, est l'ouverture à la diversité. Insensible à l'ironie de son geste, Beers essaie de frapper cette valeur au sceau de l'homogénéité partout dans le monde. En plus d'être futile, l'entreprise est périlleuse. Car tout sépare la constance de la marque de la véritable diversité humaine; l'une vise l'uniformité, l'autre célèbre la différence; l'une redoute tous les messages improvisés, l'autre accueille à bras ouverts le débat et la dissension.

Comment s'étonner qu'on se trouve alors devant un «fouillis extraordinaire»? Récemment, à Beijing, où il s'employait à vendre la «marque U.S.A.», le président Bush a affirmé que «dans une société libre, diversité ne rime pas avec désordre, ni débat avec affrontement violent». Le public a applaudi par pure politesse. Le message du président aurait peut-être été plus convaincant si les valeurs dont il faisait l'éloge étaient le moteur des communications entre son administration et le monde extérieur, si elles sous-tendaient l'image du pays, mais aussi, plus important encore, ses politiques.

Le président Bush a dit vrai: la diversité et le débat sont l'âme même de la liberté. En revanche, ils s'opposent en toutes choses à l'image de marque.

V

DES FENÊTRES OUVERTES
SUR LA DÉMOCRATIE

Où des lueurs d'espoir émergent
d'une politique de décentralisation radicale du pouvoir
en provenance des montagnes du Chiapas
et des squats urbains de l'Italie

DÉMOCRATISER LE MOUVEMENT

AU PREMIER FORUM SOCIAL MONDIAL, LA DIVERSITÉ DES ACTIVISTES ÉTAIT TELLE QU'AUCUN PROGRAMME N'AURAIT SUFFI À L'ACCUEILLIR

Mars 2001

«Nous sommes là pour dire à la face du monde qu'un autre monde est possible!» a proclamé l'homme sur l'estrade, et une foule de plus de dix mille personnes a hurlé son assentiment. Ce n'était pas un autre monde en particulier qui nous inspirait un tel enthousiasme, seulement la possibilité d'un autre monde; nous applaudissions à l'idée que, théoriquement, un autre monde pouvait exister.

Depuis trente ans, un groupe de chefs d'entreprises et de leaders mondiaux triés sur le volet se donne rendez-vous, la dernière semaine de janvier, sur une montagne en Suisse. La tâche de ce groupe, qu'il se croit seul à pouvoir mener à bien : arrêter les stratégies qui gouverneront l'économie mondiale. Quant à nous, nous applaudissions parce que nous étions justement fin janvier, et que c'était non pas le Forum économique mondial, à Davos, en Suisse, mais bien le premier Forum social mondial annuel, à Porto Alegre, au Brésil. Et même si nous n'étions ni des chefs d'entreprises, ni des leaders mondiaux, nous allions passer une semaine entière à discuter de la régie de l'économie mondiale.

Beaucoup de participants au Forum de Porto Alegre ont affirmé avoir l'impression de vivre un moment historique. Pour ma part, j'avais plutôt le sentiment moins tangible d'assister à la fin de la Fin de l'Histoire. Le slogan «Un autre monde est possible» semblait donc particulièrement bien choisi. Après dix-huit mois de manifestations contre l'Organisation mondiale du commerce, la Banque mondiale et le Fonds monétaire international, le Forum social mondial allait donner à ce mouvement balbutiant la possibilité d'arrêter de s'opposer pour enfin «proposer».

Si Seattle a marqué, aux yeux de beaucoup, l'émergence d'un mouvement de résistance, on a vécu à Porto Alegre, selon Soren Ambrose, analyste politique au mouvement 50 Years is Enough, «la naissance d'une réflexion approfondie sur les solutions de rechange». Y étaient privilégiées les idées issues des pays qui subissent au premier chef les contrecoups de la mondialisation : mouvements de population massifs, fossé grandissant entre riches et pauvres, affaiblissement du pouvoir politique.

On a choisi la ville de Porto Alegre parce que le Parti ouvrier brésilien (Partido dos Trabalhadores, ou PT) y est au pouvoir, de même que dans l'État de Rio Grande do Sul. La conférence a été organisée par un réseau de syndicats et d'ONG brésiliens, alors que le PT a mis à la disposition des délégués des salles de réunion dotées de tous les équipements modernes, à l'université catholique de Porto Alegre, en plus de financer la venue d'une brochette de prestigieux conférenciers invités. Quel changement, pour des gens habitués aux nuages de gaz poivré, aux fouilles à nu à la douane et aux interdictions de manifester à certains endroits, d'avoir pour sponsor un gouvernement progressiste! À Porto Alegre, les activistes ont été accueillis par des policiers sympathiques et par des accompagnateurs portant des bannières officielles de l'Office du tourisme.

Organisé par le Brésil, le Forum est né à l'instigation d'ATTAC France, coalition de syndicats, de paysans et d'intellectuels qui est désormais l'incarnation la plus visible du mouvement anti-mondialisation dans une bonne partie de l'Europe et de la Scandinavie. Fondée en 1998 par Bernard Cassen et Susan George, du mensuel socialiste *Le Monde diplomatique*, ATTAC (Association pour une taxation des transactions financières pour l'aide aux citoyens) est née dans la foulée d'une campagne pour l'institution de la taxe Tobin (d'après James Tobin, lauréat américain du prix Nobel) sur toutes les transactions financières spéculatives. Fidèle à ses racines intellectuelles marxistes, le groupe s'est dit frustré par l'incohérence relative du mouvement anticommercial nord-américain. «L'échec de Seattle, ce fut l'incapacité de se donner un programme commun, une alliance internationale pour combattre la mondialisation», dit Christophe Aguiton d'ATTAC, l'un des organisateurs du Forum.

D'où justement la nécessité du Forum social mondial : ATTAC y voyait l'occasion de réunir quelques-uns des plus éminents penseurs à la recherche de solutions de rechange aux politiques économiques néolibérales – des modalités de taxation, certes, mais aussi toute une panoplie d'initiatives allant de l'agriculture durable à la démocratie participative en passant par les médias indépendants. Cet échange d'informations déboucherait, selon ATTAC, sur un «programme commun».

La réalité du Forum fut cependant bien plus complexe: cohésion, mais aussi chaos; unité, mais aussi division. À Porto Alegre, la coalition cantonnée le plus souvent sous la bannière «antimondialisation» a commencé à se repositionner à titre de mouvement «pro-démocratique». Ce faisant, le mouvement a dû reconnaître ses propres faiblesses en matière de démocratie interne en plus de s'interroger, même si ce fut douloureux, sur les mécanismes décisionnels mis en place lors du Forum social mondial et, plus important encore, sur ceux à adopter en vue des séances de planification de la prochaine ronde de négociations de l'OMC et du projet de Zone de libre-échange des Amériques, lesquelles se révéleront déterminantes.

L'une des difficultés venait du fait que les organisateurs n'avaient aucune idée du nombre de personnes susceptibles d'assister à ce Davos des activistes. Atila Roque, coordonnateur à l'institut de politique brésilien IBase et membre du comité organisateur, explique que, pendant des mois, on croyait accueillir environ deux mille personnes. Puis, tout à coup, il y en a eu dix mille, voire davantage à certains événements, représentant mille groupes venus de cent vingt pays différents. La plupart des délégués n'avaient aucune idée de ce qui les attendait: les Nations Unies en modèle réduit? Un gigantesque séminaire? Une convention politique d'activistes? Une fête?

Au bout du compte, ce fut un curieux amalgame de tout cela, agrémenté – au moins en ce qui concerne la cérémonie d'ouverture – d'un spectacle de variétés façon Las Vegas. Au premier jour, après les allocutions de rigueur et les applaudissements qui avaient accueilli l'annonce de la fin de la Fin de l'Histoire, on a baissé les lumières pour projeter sur deux écrans géants des photographies illustrant la misère qui règne dans les *favelas* (bidonvilles) de Rio. Des danseurs sont apparus sur la scène, la tête baissée en signe de honte, le pas traînant. Peu à peu, les photos se sont teintées d'espoir, et les danseurs se sont mis à courir avec, à la main, les outils de leur libération: marteaux, scies, briques, haches, livres, stylos, claviers d'ordinateurs, poings brandis. Le tableau final représentait une femme enceinte qui semait des graines – un autre monde en germe, nous a-t-on dit.

Le plus déconcertant, ce n'est pas tant que les danses socialistes utopiques de ce genre avaient à peu près disparu de la carte depuis les beaux jours de la Works Progress Administration dans les années 1930. C'est plutôt la qualité exceptionnelle de la mise en scène qui étonnait : acoustique parfaite, éclairage professionnel, écouteurs proposant en quatre langues une traduction simultanée du récit. Chacune des dix mille personnes présentes a reçu un petit sac de graines à planter à la maison : le réalisme socialiste version *Cats*.

Tout au long du Forum, on a vu se croiser ainsi les idées *underground* et le culte des stars des Brésiliens : des politiciens locaux à moustaches, accompagnés de leur épouse éblouissante en robe du soir blanche profondément échancrée dans le dos, coudoyaient le président du Mouvement des sans-terre du Brésil, groupe connu pour sa propension à abattre les clôtures et à occuper de grandes terres agricoles en friche. Une vieille femme argentine du groupe des Mères de la Plaza de Mayo, qui avait écrit au crochet sur son foulard de tête blanc le nom de son enfant «disparu», était assise aux côtés d'un footballeur brésilien si adulé qu'à sa vue, plusieurs hommes politiques revenus de tout s'arrachaient les vêtements sur le dos pour lui demander son autographe. Et José Bové ne pouvait faire un pas sans une escouade de gardes du corps pour le protéger des paparazzi.

Chaque soir, après les délibérations, des musiciens venus des quatre coins de la planète jouaient dans un amphithéâtre en plein air. On a entendu, autre autres, le Cuarteto Patria, l'un des orchestres cubains devenus célèbres depuis la sortie du *Buena Vista Social Club*, documentaire de Wim Wenders. D'ailleurs, tout ce qui était cubain avait la cote à Porto Alegre. Chaque fois qu'un conférencier évoquait au passage le nom de l'île, toute la salle se mettait à scander : «Cuba ! Cuba ! Cuba !» Le chant scandé, il faut bien le dire, avait lui aussi la cote au Forum : loin d'être réservé à Cuba, il a accueilli le président d'honneur du Parti ouvrier, Luiz Inácio «Lula» da Silva («Lula-Lula»). José Bové a eu droit à un refrain bien à lui : «Olé, Olé, Bové, Bové», entonné sur le mode d'une chanson de foot.

En revanche, les délégués ne portaient pas les États-Unis dans leur cœur. Chaque jour, on a manifesté contre le plan Colombie, le «mur de la mort» entre les États-Unis et le Mexique, l'annonce par George W. Bush de l'interruption de l'aide étrangère aux groupes qui renseignent les femmes sur l'avortement. Dans les ateliers et les conférences, on dénonçait souvent l'impérialisme américain et la tyrannie de la langue anglaise; en revanche, les véritables citoyens américains se faisaient rares. La FAT-COI n'avait dépêché presque personne (son président, John Sweeney, était à Davos), et aucune déléguée ne représentait la National Organization for Women. Même Noam Chomsky, qui avait pourtant affirmé que le Forum «offrait une occasion sans précédent de rassemblement des forces populaires», n'a envoyé que ses regrets. Public Citizen avait dépêché deux délégués à Porto Alegre, mais la star du groupe, Lori Wallach, se trouvait à Davos. [*La situation fut assez différente au deuxième Forum social mondial tenu en janvier 2002; Chomsky y a assisté, tout comme Wallach et un contingent significatif d'activistes américains.*]

«Où sont les Américains?» s'interrogeait-on en faisant la queue pour avoir du café ou en s'installant à un poste Internet. Les théories ne manquaient pas. Certains mettaient leur absence sur le compte des médias: la presse américaine ne couvrait pas le Forum. Des mille cinq cents journalistes inscrits, à peine une dizaine étaient Américains, dont plus de la moitié venaient des Centres médiatiques indépendants. D'autres pointaient le président Bush du doigt: le Forum se déroulait une semaine après son entrée en fonction, et la plupart des activistes américains étaient trop occupés à crier au vol électoral pour songer à se rendre au Brésil. Selon d'autres, les Français étaient les grands responsables de la situation: beaucoup de groupes américains n'étaient tout simplement pas au courant, notamment parce qu'ATTAC s'était chargée de l'essentiel des contacts internationaux, alors que, de l'aveu même de Christophe Aguiton, l'association doit «resserrer ses liens avec le monde anglo-saxon».

Mais la plupart des gens blâmaient les Américains eux-mêmes. «L'esprit de clocher américain y est pour beaucoup», a dit Peter Marcuse, professeur d'urbanisme à l'université Columbia et conférencier au Forum. Air connu: si ça ne se passe pas aux États-Unis, si ce n'est pas en anglais, si ce n'est pas organisé par des groupes américains, ça ne peut pas être bien important – encore moins constituer la suite logique de la bataille de Seattle.

L'an dernier, Thomas Friedman, chroniqueur du *New York Times*, a écrit depuis Davos que «chaque année, au Forum économique mondial, une vedette ou un thème se démarque» – les entreprises électroniques, la crise asiatique. L'an dernier, à en croire Friedman, la vedette de Davos fut Seattle. À Porto Alegre, il y avait aussi, sans conteste, une vedette: la démocratie.

Qu'était-elle devenue? Comment la retrouver? Et pourquoi la conférence elle-même n'était-elle pas plus démocratique?

Dans les ateliers et les tables rondes, on a défini la mondialisation comme le transfert massif de la richesse et de la connaissance du secteur public au secteur privé : brevetage du vivant et des semences, privatisation de l'eau, forte concentration de la propriété foncière agricole. Or, comme ce dialogue avait lieu au Brésil, ces questions n'étaient pas présentées comme des inventions-chocs toutes neuves liées à un phénomène jusque-là inconnu nommé «mondialisation», comme c'est souvent le cas en Occident. Au contraire, elles étaient situées dans le contexte plus large de la colonisation, de la centralisation et de l'érosion du droit à l'autodétermination, dont l'histoire s'échelonne sur plus de cinq siècles.

Au stade le plus récent de l'intégration des marchés, le pouvoir et la prise de décisions se sont éloignés des lieux où se font sentir les effets des décisions en question; en même temps, les villes se voient imposer des fardeaux économiques de plus en plus lourds. Le pouvoir véritable, d'abord local, est passé au niveau des États, puis au niveau national, et enfin au niveau international, de sorte que la démocratie représentative se résume maintenant à élire, à intervalles de quelques années, des politiciens qui, forts de cette autorité, remettent le pouvoir des nations à l'OMC et au FMI.

Confrontés à cette crise mondiale de la démocratie représentative, les délégués du Forum se sont mis en quête de solutions de rechange. Assez rapidement, toutefois, quelques questions fondamentales ont surgi. Le mouvement cherche-t-il à instaurer sa propre forme de mondialisation à visage plus humain, grâce à l'imposition des transactions financières mondiales et à une gouvernance internationale plus démocratique et plus transparente? Ou s'agit-il de combattre par principe la centralisation et la délégation des pouvoirs, de critiquer autant l'idéologie «taille unique» de la gauche que la recette du McGouvernement qui émane des forums comme celui de Davos? Applaudir la possibilité d'un «autre monde», c'est bien beau – mais le but est-il d'instaurer un monde précis et prédéterminé, ou bien, comme le disent les zapatistes, d'imaginer «un monde où coexistent de nombreux mondes possibles»?

Sur ces points, pas de consensus. Certains regroupements, notamment ceux liés aux partis politiques, semblaient préconiser la création d'un organisme ou d'un parti international homogène et souhaitaient qu'émerge du Forum un manifeste officiel qui puisse guider les gouvernements. D'autres groupes, situés en marge des courants politiques établis et souvent voués à l'action directe, prônaient moins une vision unifiée que le droit universel à l'autodétermination et à la diversité culturelle.

Atila Roque comptait parmi les plus féroces opposants à l'élaboration d'une seule série de revendications politiques. «Nous essayons d'en finir avec la pensée unique, et nous n'y arriverons pas par la pensée unique, a-t-il dit. Pour tout dire, l'époque où nous adhérions tous au Parti communiste ne me manque pas. Il est possible de mieux harmoniser nos programmes, mais je ne crois pas que la société civile doive s'ériger en parti politique.»

Au bout du compte, les délégués du Forum n'ont pas parlé d'une seule voix: plutôt qu'une déclaration officielle uniformisée, on a eu droit à des dizaines de déclarations officieuses. Au lieu d'un vaste chantier de changements politiques, on a esquissé des solutions démocratiques locales. Dans le cadre d'excursions d'un jour, le mouvement des paysans sans-terre a montré aux délégués des terres agricoles récupérées et consacrées à l'agriculture durable. Sans parler de la ville de Porto Alegre elle-même, modèle vivant de démocratie participative qu'on étudie désormais dans le monde entier. À Porto Alegre, la démocratie ne se limite pas au fait d'aller docilement aux urnes; c'est une dynamique qui passe par de grandes assemblées populaires. Au cœur du programme du Parti ouvrier brésilien se trouve ce qu'on appelle le «budget participatif», système grâce auquel les citoyens ont leur mot à dire sur l'allocation des maigres ressources municipales. Grâce à un réseau de conseils de quartier et de groupes de réflexion sur des enjeux précis, les habitants de la ville décident eux-mêmes des routes à paver et des centres de santé à construire. À Porto Alegre, cette délégation des pouvoirs a produit des résultats aux antipodes des tendances économiques dominantes. Par exemple, au lieu de sabrer dans les services offerts aux défavorisés, comme on l'a fait presque partout, la ville a investi massivement dans ce secteur. À mille lieues du cynisme galopant et du désengagement des électeurs, la participation au processus démocratique augmente d'année en année.

«Cette ville élabore un nouveau modèle démocratique qui ne consiste pas à céder simplement à l'État les rênes du pouvoir, a affirmé au Forum l'écrivain britannique Hilary Wainwright. Comment en faire autant aux niveaux national et mondial?»

Peut-être en transformant le mouvement anticommercial en mouvement pro-démocratique qui défend le droit des collectivités locales d'organiser et de gérer leurs écoles, leur réseau de distribution de l'eau et leur environnement. Devant l'échec, un peu partout, de la démocratie représentative, c'est cette forme radicale de démocratie locale participative, issue des villes où les abstractions de l'économie mondiale se traduisent tous les jours par des drames concrets – clochardisation, eaux contaminées, prisons surpeuplées et écoles laissées à elles-mêmes –, qui semble offrir les solutions les plus prometteuses. Bien sûr, il faudrait des normes et des ressources nationales et internationales. Mais ce qui semblait ressortir de façon organique du Forum (au grand dam du reste de certains organisateurs), c'était non pas la revendication d'un seul gouvernement mondial, mais plutôt la vision d'un réseau international de plus en plus serré d'initiatives très locales, ancrées dans la démocratie directe.

La démocratie : voilà le sujet à l'ordre du jour des tables rondes et des ateliers ; voilà ce dont il était question dans les couloirs et dans les discussions houleuses qui survenaient, tard le soir, au campement des jeunes. Ici, on ne débattait plus des moyens de démocratiser la gouvernance mondiale, ni même des mécanismes décisionnels municipaux ; on s'intéressait à une question bien plus pressante : l'immense « déficit démocratique » du Forum lui-même. En un sens, le Forum était extraordinairement ouvert ; toute personne désireuse de le faire pouvait s'y inscrire en tant que déléguée, et on n'a nullement limité le nombre de participants. Et tout groupe qui voulait proposer un atelier – seul ou en collaboration avec un autre – n'avait eu qu'à présenter un titre au comité organisateur avant la date d'impression du programme.

Mais parfois, soixante ateliers se déroulaient au même moment, alors que les événements de la grande scène, où on pouvait s'adresser à plus de mille personnes, étaient dominés non pas par les activistes, mais par les politiciens et les universitaires. Si quelques-uns ont proposé des exposés stimulants, d'autres faisaient preuve d'un détachement pénible : après avoir fait un trajet de dix-huit heures ou encore davantage pour assister au Forum, peu de délégués avaient besoin d'entendre que « la mondialisation est une question controversée ». De surcroît, la plupart de ces activités réservaient la part du lion aux quinquagénaires, trop souvent blancs par ailleurs. Nicola Bullard, directrice adjointe de Focus on the Global South, de Bangkok, a dit, un peu à la blague, que la conférence de presse d'ouverture «prenait des allures de Dernière Cène : douze hommes âgés de cinquante-deux ans en moyenne». Et ce n'était pas une idée de génie de faire un salon d'honneur – havre de luxe et de calme sur invitation seulement – entièrement vitré. Cet élitisme voyant, juxtaposé au discours officiel sur le pouvoir citoyen, a commencé à taper sur les nerfs de plus d'un à peu près au moment où le campement des jeunes a manqué de papier hygiénique.

Ces griefs étaient symptomatiques d'un malaise plus grand. La structure organisationnelle du Forum était tellement opaque qu'il se révélait impossible de savoir comment se prenaient les décisions et, le cas échéant, de les contester. Il n'y a eu ni séances plénières ouvertes, ni occasions de voter sur la structure d'événements futurs. En l'absence d'un processus transparent, les ONG se livraient, en coulisse, à une féroce guerre des marques afin de déterminer quelles vedettes bénéficieraient du plus long temps d'antenne, auraient accès aux journalistes et émergeraient comme véritables leaders du mouvement.

Le troisième jour, les délégués frustrés se sont mis à s'adonner à leur activité de prédilection : protester. Il y a eu au moins une demi-douzaine de marches et de manifestes. Assiégés de toutes parts, les organisateurs du Forum se sont fait accuser de tous les maux, du réformisme au racisme. Les jeunes anticapitalistes leur ont reproché d'ignorer le rôle déterminant qu'avait joué l'action directe dans l'émergence du mouvement. Leur manifeste condamnait le Forum en raison du «subterfuge» qui consistait à exploiter le langage flou de la démocratie pour éviter une discussion potentiellement plus âpre sur les classes sociales. Le PSTU, faction dissidente du Parti ouvrier, a commencé à interrompre les discours sur la possibilité d'un autre monde en scandant à tue-tête : «Un autre monde n'est pas possible, sauf à détruire le capitalisme et à embrasser le socialisme !» (Ça sonnait beaucoup mieux en portugais.)

Certaines de ces critiques étaient injustifiées. Le Forum faisait place à une diversité d'opinions extraordinaire, source justement de tous ces conflits. En réunissant des groupes dont la vision du pouvoir s'opposait du tout au tout – syndicats, partis politiques, ONG, protestataires de rue anarchistes et partisans de la réforme agraire –, le Forum social mondial n'a fait que rendre visibles les tensions qui couvent toujours sous la surface des coalitions fragiles.

En revanche, d'autres questions étaient légitimes ; leurs retombées débordent de loin le contexte d'une conférence d'une semaine. Comment prend-on des décisions au sein de ce mouvement de mouvements? Qui désignera, par exemple, les «représentants de la société civile» autorisés à pénétrer les barbelés encerclant Davos – alors que les manifestants seront refoulés à grand renfort de canons à eau? Si Porto Alegre était l'anti-Davos, pourquoi certains représentants parmi les plus visibles de l'opposition participaient-ils au «dialogue» de Davos?

Et comment savoir s'il faut prôner l'inclusion, dans les accords internationaux, de «clauses sociales» touchant le travail ou l'environnement, ou bien l'élimination pure et simple de tels accords? La question – purement théorique à une certaine époque, tant les entreprises s'opposaient aux clauses sociales – se pose maintenant de façon urgente. Des chefs de file industriels américains – dont Caterpillar et Boeing – prônent activement l'établissement de liens entre le commerce et certaines dispositions touchant le travail et l'environnement, afin non pas de resserrer les normes, mais de faire pencher de leur côté un Congrès divisé sur le bien-fondé d'une procédure accélérée de négociation d'accords commerciaux. En visant l'adoption de clauses sociales, les syndicats et les écologistes favorisent-ils involontairement l'avancement des négociations commerciales, ouvrant ainsi la porte à la privatisation de services comme la distribution de l'eau et à une protection plus musclée des brevets pharmaceutiques? Devrait-on chercher à ajouter des éléments aux accords ou à en exclure des domaines entiers: l'eau, l'agriculture, la sécurité alimentaire, les brevets pharmaceutiques, l'éducation, la santé? À cette question, Walden Bello, directeur général de Focus on the Global South, offre une réponse sans équivoque. «L'OMC est irréformable, a-t-il dit au Forum, et militer en faveur de la réforme équivaudrait à jeter de l'argent par les fenêtres. Des dispositions touchant le travail et l'environnement ne feraient que donner encore plus de pouvoir à une institution qui en a déjà beaucoup trop.»

La stratégie et le processus devront faire l'objet d'un débat de fond, mais comment y parvenir sans alourdir un mouvement dont la plus grande force, jusqu'ici, a été sa rapidité? Les groupes anarchistes, pourtant obsédés par le processus, ont tendance à résister aux tentatives de structuration ou de centralisation du mouvement. Le Forum international sur la mondialisation – état-major du volet nord-américain du mouvement – prend ses décisions en vase clos et ne rend pas de comptes à ses adhérents, même si bon nombre de ses membres les plus visibles doivent, eux, le faire. Par ailleurs, il arrive souvent que des ONG qui devraient normalement collaborer se disputent l'attention des médias et le financement. Et les grandes structures traditionnelles comme les partis politiques et les syndicats sont désormais ravalées au rang de figurants dans les immenses toiles d'activistes.

Peut-être faut-il surtout retenir de Porto Alegre que la démocratie et la responsabilisation devraient s'instaurer d'abord à une échelle relativement petite – au sein des collectivités locales, des coalitions et des organisations elles-mêmes. Sans de tels fondements, on ne peut espérer voir dix mille activistes d'horizons complètement différents, réunis sur un campus universitaire, convenir d'une démarche démocratique satisfaisante. Par ailleurs, il est clair désormais que, puisqu'une seule revendication – la démocratie – rallie les membres de cette coalition de fortune, la démocratie interne doit devenir une priorité. L'appel à la mobilisation lancé à Porto Alegre précise clairement que nous «défions les élites et leurs processus non démocratiques, représentés au Forum économique mondial de Davos». La plupart des délégués s'accordaient à dire qu'il ne suffit pas de crier «Élitistes!» depuis un salon d'honneur aux parois vitrées.

Malgré des moments de révolte ouverte, la cérémonie de clôture du Forum social mondial était empreinte de l'euphorie qui avait marqué ses débuts. On a poussé des hourras, on a scandé des refrains, surtout lorsque le comité organisateur a annoncé que la ville de Porto Alegre était prête à accueillir de nouveau le Forum, l'année suivante. Le 30 janvier, l'avion Porto Alegre-São Paolo était rempli à craquer de délégués arborant des articles – tee-shirts, casquettes de base-ball, tasses à café, sacs – sur lesquels se lisait le slogan utopique «Un autre monde est possible». Après une conférence, il en va souvent ainsi, sans doute, mais j'ai été frappée de voir qu'un couple assis de l'autre côté de l'allée portait toujours ses insignes d'identité du Forum. On aurait dit que les délégués cherchaient à préserver le plus longtemps possible ce monde rêvé, aussi imparfait soit-il, à retarder le moment de l'inévitable séparation et des correspondances vers Newark, Paris, Mexico, au cœur d'une foule de gens d'affaires pressés, de sacs à main Gucci hors taxe et de nouvelles de la Bourse sur CNN.

LA RÉBELLION AU CHIAPAS

LE SOUS-COMMANDANT MARCOS ET LES ZAPATISTES FONT UNE RÉVOLUTION QUI MISE SUR LES MOTS DAVANTAGE QUE SUR LES BALLES

Mars 2001

Il y a un mois, j'ai reçu un message électronique de Greg Ruggiero, éditeur de *Our Word is Our Weapon*, recueil de textes du sous-commandant Marcos, le porte-parole de l'Armée zapatiste de libération nationale. Ruggiero y précisait que les commandants zapatistes allaient se rendre à Mexico en caravane et que cet événement «était l'équivalent de la Marche sur Washington de Martin Luther King». Longtemps, j'ai fixé cette phrase à l'écran. J'ai dû voir l'extrait du discours de King, «I have a dream», dix mille fois, généralement dans des publicités de fonds communs de placement ou de chaînes d'informations. Ayant grandi après la «Fin de l'Histoire», je n'avais pas cru vivre moi-même un moment d'une telle envergure historique.

Première nouvelle, j'étais au téléphone pour réserver un billet d'avion, annuler des rendez-vous; je balbutiais de folles excuses, marmonnais quelques mots à propos des zapatistes et de Martin Luther King. Oui, c'était dingue, et alors? Tout ce que je savais, c'est qu'il me fallait être à Mexico le 11 mars, jour prévu de l'entrée triomphale de Marcos et des zapatistes dans la capitale.

Voici venu le moment des aveux: je ne suis jamais allée au Chiapas. Je n'ai jamais fait le pèlerinage jusqu'à la jungle de Lacandonie. Je ne me suis jamais assise dans la boue et dans la brume à La Realidad. Je n'ai jamais supplié, imploré ni frimé pour obtenir que le sous-commandant Marcos, l'homme au masque, le visage sans visage de l'Armée zapatiste de libération nationale, m'accorde une audience. Je connais des gens qui l'ont fait. Des tas de gens, en réalité. En 1994, l'été qui a suivi le soulèvement zapatiste, les caravanes vers le Chiapas faisaient fureur chez les activistes nord-américains. Des amis s'organisaient, réunissaient les fonds nécessaires à l'achat d'une fourgonnette d'occasion, la remplissaient d'articles de première nécessité, puis mettaient le cap sur San Cristobal de las Casas, où ils larguaient la bagnole. Tout ce branle-bas me laissait assez indifférente. À ce moment-là, l'engouement zapatiste ressemblait fort à une nouvelle cause pour les gauchistes qui avaient mauvaise conscience et un fétiche latino: une autre armée rebelle marxiste, un autre chef macho, une autre occasion de filer vers le Sud et d'acheter de beaux tissus colorés. On connaît la chanson. Et puis, tout cela ne s'était-il pas mal terminé les autres fois?

Mais cette caravane zapatiste n'est pas comme les autres. Tout d'abord, San Cristobal de las Casas est non pas son point d'aboutissement, mais son point de départ; de là, elle parcourt dans tous les sens la campagne mexicaine, avant d'arriver enfin au centre de Mexico. À la tête de cette caravane, surnommée «Zapatour» par la presse mexicaine, on trouve le conseil de vingt-quatre commandants zapatistes, tous masqués et en grand uniforme (mais sans armes), dont le sous-commandant Marcos lui-même. Puisque les dirigeants zapatistes ne quittent jamais le Chiapas (des «justiciers» menacent de les attendre le long du trajet pour provoquer Marcos en duel), le «Zapatour» exige des mesures de sécurité extrêmement rigoureuses. Or, comme la Croix-Rouge a refusé de l'accompagner, ce sont plusieurs centaines d'activistes italiens, baptisés les ¡Ya basta! (Ça suffit!) d'après le défi lancé par les zapatistes en guise de déclaration de guerre, qui ont promis de s'en charger. [*Au bout du compte, la sécurité a été assurée par des groupes locaux.*] Des centaines d'étudiants, de petits paysans et d'activistes se sont joints à la caravane, et partout, des milliers de personnes saluent son passage. À la différence des premiers visiteurs dans la région du Chiapas, ces voyageurs sont là, disent-ils, non pas pour montrer leur «solidarité» avec les zapatistes, mais parce qu'ils sont eux-mêmes zapatistes. Certains prétendent d'ailleurs être le sous-commandant Marcos lui-même et proclament, à la grande confusion des journalistes: «Nous sommes tous Marcos.»

Pour diriger cette caravane de renégats, de rebelles, de solitaires et d'anarchistes tout au long d'un périple de quinze jours, peut-être fallait-il justement un homme qui porte toujours un masque et ne dévoile jamais son vrai nom. Ces gens-là ont appris à se méfier des chefs charismatiques brandissant une idéologie «taille unique». Ce ne sont pas des fidèles d'un parti; au contraire, ils appartiennent à des groupes qui s'enorgueillissent de leur autonomie et de leur structure non hiérarchique. Et Marcos – masque en laine noire, regard intense, pipe au bec – semble être l'anti-chef de rêve pour cette bande de forts en gueule d'un naturel soupçonneux. Non seulement refuse-t-il de montrer son visage, minant ainsi sa propre célébrité (tout en l'augmentant par ailleurs), mais son histoire est celle d'un homme qui a obtenu son leadership non pas en s'appuyant sur d'arrogantes certitudes, mais plutôt en assumant l'incertitude politique, en apprenant à suivre.

Bien que peu d'éléments aient transpiré au sujet de l'identité personnelle de Marcos, la légende la plus répandue à son sujet est la suivante : intellectuel marxiste et activiste urbain, Marcos est recherché par l'État et n'est pas en sécurité dans les villes. Il s'enfuit dans les montagnes du Chiapas, dans le sud-est du Mexique, fort de ses certitudes et de sa rhétorique révolutionnaire, décidé à convertir les masses indigènes défavorisées à la cause de la révolution armée contre la bourgeoisie. Après l'avoir entendu proclamer que les prolétaires du monde entier doivent s'unir, les Mayas se contentent de le regarder fixement avant de dire qu'ils ne sont pas des prolétaires et que, de toute façon, la terre, loin d'être un bien foncier, est le cœur de leur communauté. Missionnaire marxiste déconfit, Marcos se plonge dans la culture maya. Or, plus il en apprend, moins il en sait. De ce cheminement émerge une armée d'un nouveau genre, l'AZLN (Armée zapatiste de libération nationale), contrôlée non pas par une élite de commandants de guérilla, mais bien par les communautés elles-mêmes, au moyen de conseils clandestins et d'assemblées ouvertes. « Notre armée, dit Marcos, est devenue scandaleusement indienne. » Autrement dit, lui-même n'est pas un commandant aboyant des ordres. Sous-commandant, il canalise la volonté des conseils. Les premiers mots qu'il prononce dans sa nouvelle incarnation sont : « À travers moi s'exprime la volonté de l'Armée zapatiste de libération nationale. » S'effaçant encore davantage, Marcos dit à ceux qui cherchent à le voir qu'il n'est pas un chef, que son masque noir est un miroir qui reflète leurs luttes à eux, que tous ceux qui combattent l'injustice dans le monde sont des zapatistes, que « nous sommes vous ». Dans une déclaration célèbre, il a dit un jour à un journaliste : « Marcos est gay à San Francisco, noir en Afrique du Sud, Asiatique en Europe, Chicano à San Ysidro, anarchiste en Espagne, Palestinien en Israël, Maya dans les rues de San Cristobal, Juif en

Allemagne, gitan en Pologne, Mohawk au Québec, pacifiste en Bosnie, femme seule à vingt-deux heures dans le métro, paysan sans terre, membre d'un gang dans les bidonvilles, chômeur, étudiant insatisfait et, bien sûr, zapatiste dans les montagnes».

«Grâce à cette non-identité personnelle, écrit Juana Ponce de Leon, qui a recueilli les écrits de Marcos, il devient le porte-parole des communautés indigènes. Transparent, il se fait icône.» Et pourtant, voici le paradoxe de Marcos et des zapatistes : malgré les masques, l'effacement et le mystère, leur lutte porte sur le contraire de l'anonymat – ils revendiquent le droit à la visibilité. Lorsque, en 1994, les zapatistes ont crié *¡Ya basta!* avant de prendre les armes, c'était précisément en révolte contre leur invisibilité. Comme bien d'autres laissés pour compte de la mondialisation, les Mayas du Chiapas avaient été rayés de la carte économique : «En bas, dans les villes, déclare le commandement de l'AZLN, nous n'existions pas. Notre vie valait moins que celle d'une machine ou d'une bête. Nous étions telles des pierres, de mauvaises herbes sur la route. Nous avions été réduits au silence. Nous étions sans visage.» En prenant les armes, le visage couvert d'un masque, les zapatistes ne se ralliaient pas à un étrange univers du type «Star Trek», où les Borgs, êtres sans identité, s'unissent pour combattre; ils voulaient obliger le monde à cesser de fermer les yeux sur leur sort, à voir leur visage longtemps oublié. Ainsi, les zapatistes sont «la voix qui s'arme pour se faire entendre. Le visage qui se cache pour se rendre visible».

Entre-temps, Marcos lui-même – cet homme prétendument sans identité, ce canal de la volonté populaire, ce miroir – possède un style si personnel, si poétique, si reconnaissable entre tous, qu'il mine et subvertit sans cesse l'anonymat que lui fournissent son masque et son pseudonyme. On a souvent dit que le Net était la meilleure arme des zapatistes, mais leur véritable arme secrète, c'est le langage. Dans *Our Word is Our Weapon*, on lit des manifestes et des cris de guerre qui sont aussi des poèmes, des légendes et des improvisations musicales. Derrière le masque, affleure un personnage, une personnalité. Marcos est un révolutionnaire qui envoie à l'écrivain uruguayen Eduardo Galeano de longues méditations épistolaires sur la signification du silence, qui décrit le colonialisme comme une série de «mauvaises blagues mal racontées», qui cite Lewis Carroll, Shakespeare et Borges. Qui écrit que la résistance a lieu «chaque fois qu'un homme ou une femme se rebelle au point d'arracher les vêtements que la résignation lui a tissés et que le cynisme a teints en gris». Et qui envoie par la suite de fantaisistes faux télégrammes à l'attention de toute la «société civile»: «LES GRIS ESPÈRENT L'EMPORTER STOP BESOIN URGENT D'ARC-EN-CIEL.»

Marcos semble pleinement conscient de son statut de héros romantique irrésistible. C'est un personnage d'Isabel Allende à l'envers: non pas le paysan défavorisé devenu rebelle marxiste, mais au contraire l'intellectuel marxiste converti en paysan défavorisé. Il joue avec ce personnage, flirte avec lui, affirme devoir cacher sa vraie identité de peur de décevoir ses admiratrices. Inquiet peut-être de voir ce jeu prendre des proportions insoupçonnées, Marcos a choisi la veille de la Saint-Valentin pour annoncer la mauvaise nouvelle: il est marié et profondément amoureux. Sa femme s'appelle – comment aurait-il pu en être autrement? – La Mar (la mer).

Le mouvement zapatiste mesure toute la force que recèlent les mots et les symboles. À l'origine, le commandement zapatiste de vingt-quatre personnes avait prévu faire sa grande entrée dans Mexico à cheval, comme les conquistadors indigènes (ils se sont finalement installés dans un camion à plate-forme rempli de foin). Mais la caravane n'est pas qu'un simple symbole. Le but des zapatistes: prendre la parole devant le Congrès mexicain pour réclamer l'adoption d'une charte des droits des indigènes, loi promise lors des négociations de paix avec l'ancien président Ernesto Zedillo, qui ont fait long feu. Vicente Fox, son successeur fraîchement élu, qui s'était vanté durant la campagne électorale de pouvoir régler le cas des zapatistes «en quinze minutes», a demandé à rencontrer Marcos, mais celui-ci refuse. Pas avant l'adoption de la charte, dit-il, pas avant le retrait de plus de soldats du territoire zapatiste, pas avant la libération de tous les prisonniers politiques zapatistes. Marcos a connu la trahison par le passé, et il accuse Fox de mettre en scène un «simulacre de paix» avant même la reprise des négociations de paix.

À voir les adversaires jouer des coudes, on se rend compte que l'équilibre du pouvoir au Mexique a subi une modification radicale. Les zapatistes sont aux commandes – même si, fait remarquable, ils ont perdu l'habitude de tirer des coups de feu. Petite insurrection armée à l'origine, leur lutte prend, sept ans plus tard, des airs de mouvement pacifique de masse. Ils ont contribué à mettre fin au règne corrompu du Parti révolutionnaire institutionnel, qui a duré soixante et onze ans, et ont inscrit les droits des indigènes au cœur du programme politique mexicain.

Voilà pourquoi Marcos s'énerve quand on ne voit en lui qu'un autre type qui brandit un fusil : «Quelle autre force de guérilla a créé un mouvement démocratique national civique et pacifique, rendant caduque la lutte armée? demande-t-il. Quelle autre force de guérilla consulte ses partisans avant d'agir? Quelle autre force de guérilla a lutté pour créer un espace démocratique au lieu de prendre le pouvoir? Quelle autre force de guérilla mise sur les mots plutôt que sur les balles?»

C'est le 1er janvier 1994, date d'entrée en vigueur de l'Accord de libre-échange nord-américain, que les zapatistes ont «déclaré la guerre» à l'armée mexicaine. À la tête d'un mouvement d'insurrection, ils ont pris brièvement le pouvoir à San Cristobal de las Casas et dans cinq petites villes du Chiapas. Ils ont précisé dans un communiqué que l'ALÉNA, qui interdisait de subventionner les coopératives agricoles indigènes, signerait l'«exécution sommaire» de quatre millions d'indigènes mexicains du Chiapas, la province la plus défavorisée du pays.

Près de cent ans plus tôt, la Révolution mexicaine devait rendre la terre aux indigènes par le truchement de la réforme agraire; après tant de promesses non tenues, l'ALÉNA a tout simplement été la goutte d'eau qui a fait déborder le vase. «Nous sommes le produit de cinq cents ans de luttes [...] Mais aujourd'hui nous disons : *¡Ya basta!* Ça suffit». Les rebelles se sont baptisés zapatistes, empruntant ainsi le nom d'Emiliano Zapata, héros assassiné de la révolution de 1910 qui, à la tête d'une armée de paysans dépenaillés, a combattu pour faire remettre aux paysans et aux indigènes les terres appartenant à de grands propriétaires fonciers.

Apparus il y a sept ans, les zapatistes en sont venus à incarner deux forces concurrentes : d'abord rebelles combattant la misère écrasante et l'humiliation dans les montagnes du Chiapas, ils sont devenus les théoriciens d'un nouveau mouvement qui propose une autre vision du pouvoir, de la résistance et de la mondialisation. En plus d'inverser les tactiques classiques de la guérilla, leur théorie – le *zapatismo* – met sens dessus dessous une bonne partie de la rhétorique gauchiste.

Depuis des années, je vois les idées zapatistes gagner les cercles d'activistes par personne interposée : une expression, une façon de présider une réunion, une métaphore qui transforme notre façon de voir. À la différence des révolutionnaires traditionnels, qui crient la bonne nouvelle dans un porte-voix ou s'installent en chaire, Marcos a diffusé le message zapatiste au moyen d'énigmes et de longs silences lourds de sens. Des révolutionnaires qui ne cherchent pas le pouvoir. Des gens qui doivent se cacher le visage pour qu'on les voie. Un monde où coexistent de nombreux mondes.

Un mouvement d'un seul «non» et de beaucoup de «oui».

Ces expressions semblent toutes simples, mais qu'on ne s'y trompe pas. Elles ont une façon bien à elles de pénétrer notre conscience, faisant surface aux endroits les plus incongrus. À force de les répéter, on en fait une vérité – pas une vérité absolue, toutefois, mais, à la mode zapatiste, une vérité où coexistent de nombreuses vérités. Au Canada, les soulèvements indigènes ont toujours pris la forme d'une barricade: une barrière matérielle vise à empêcher l'aménagement d'un terrain de golf sur un lieu de sépulture autochtone, la construction d'un barrage hydroélectrique ou l'abattage d'une forêt ancienne. Le soulèvement zapatiste proposait une nouvelle façon de protéger les terres et la culture: au lieu de bloquer l'entrée, les zapatistes ont ouvert les portes toutes grandes et invité le monde à entrer. Malgré la pauvreté et l'état de siège militaire qui y régnait en permanence, le Chiapas est devenu un lieu de rassemblement pour les activistes, les intellectuels et les groupes indigènes du monde entier.

Dès leur tout premier communiqué, les zapatistes ont invité la communauté internationale à «surveiller et à réglementer nos batailles». L'été suivant, ils ont organisé, en pleine jungle, une convention démocratique nationale réunissant six mille délégués, des Mexicains pour la plupart. En 1996, ils ont convoqué le premier *encuentro* pour l'humanité et contre le néolibéralisme. Quelque trois mille activistes venus d'un peu partout y ont assisté.

Marcos est une Toile à lui seul; c'est un communicateur compulsif, toujours en train d'établir des contacts, de faire des liens entre des enjeux et des combats. Ses communiqués énumèrent les groupes qu'il considère comme des alliés des zapatistes: petits commerçants, retraités, handicapés, en plus des ouvriers et des *campesinos*. Il écrit à des prisonniers politiques, tels Mumia Abu-Jamal et Leonard Peltier, et entretient une correspondance soutenue avec quelques-uns des plus éminents romanciers latino-américains. Il envoie aussi des lettres à l'intention des «peuples du monde».

Dans un premier temps, le gouvernement a tenté de minimiser l'importance du soulèvement: c'était un problème purement «local», un différend ethnique facile à contenir. Les zapatistes ont remporté une victoire stratégique en modifiant les termes du débat : loin d'être une simple lutte «ethnique», la situation au Chiapas était à la fois particulière et universelle. Ils y sont parvenus en déclarant la guerre non seulement à l'État mexicain, mais aussi aux politiques économiques dites néolibérales. Marcos a insisté pour dire que la misère et le désespoir qui régnaient au Chiapas avaient cours, à des degrés moindres, partout dans le monde. Il a rappelé qu'une multitude de personnes étaient oubliées en raison de la prospérité que leur terre et leur labeur avaient créée. «Cette nouvelle distribution du monde exclut les "minorités", a-t-il dit. Les indigènes, les jeunes, les femmes, les homosexuels, les lesbiennes, les personnes de couleur, les immigrants, les ouvriers, les paysans : la majorité croupit dans les bas-fonds de l'humanité, tenue pour quantité négligeable par le pouvoir. L'organisation du monde exclut les majorités.»

Les zapatistes ont monté une insurrection ouverte; tous ceux qui se croyaient exclus, membres de la majorité fantôme, étaient invités à s'y rallier. Selon des estimations prudentes, environ quarante-cinq mille sites Web, établis dans vingt-six pays, sont consacrés aux zapatistes. On peut se procurer les communiqués de Marcos dans au moins quatorze langues. Sans parler de la petite industrie de fabrication d'articles zapatistes : tee-shirts noirs portant l'étoile rouge à cinq branches, tee-shirts blancs où s'affichent les lettres EZLN en noir. Il y a aussi des casquettes de base-ball, des cagoules noires EZLN, des poupées et de petits camions fabriqués par les Mayas. Il y a des affiches, dont une qui représente la *comandante* Ramona, matriarche bien-aimée de l'EZLN, en Joconde.

Et l'effet zapatiste dépasse de loin la solidarité traditionnelle. Nombre de participants aux premiers *encuentros*, ayant tâté de l'action directe, de la prise de décisions collective et de l'organisation décentralisée, ont joué un rôle important dans la planification des manifestations contre l'OMC à Seattle et la Banque mondiale et le FMI à Washington. Aux premiers jours de l'insurrection, l'armée mexicaine était convaincue de pouvoir écraser ces rebelles de la jungle comme elle l'aurait fait d'insectes : on a envoyé l'artillerie lourde, effectué des raids aériens, mobilisé des milliers de soldats. Mais au lieu de sentir les insectes écrabouillés sous son talon, le gouvernement s'est trouvé en plein essaim d'activistes internationaux bourdonnant partout au Chiapas. Dans une étude commandée à la RAND Corporation par l'armée américaine, on traite le combat de l'EZLN comme une «nouvelle forme de conflit – la guerre des réseaux – dont les protagonistes misent sur l'organisation, la doctrine, la stratégie et la technologie en réseau».

Le cercle ainsi tracé autour des rebelles zapatistes n'a pas été à toute épreuve. En décembre 1997, on a brutalement massacré, à Acteal, quarante-cinq partisans des zapatistes, surtout des femmes et des enfants, qui priaient dans une église. Et la situation au Chiapas reste catastrophique, des milliers de personnes ayant dû quitter leur foyer. Toutefois, sans la pression internationale, il y a fort à parier que les choses se seraient détériorées encore bien davantage; on aurait peut-être même assisté à une intervention encore plus massive de l'armée américaine. L'étude de la RAND Corporation affirme que les activistes internationaux se sont mis de la partie «à un moment où les États-Unis auraient peut-être eu un intérêt tacite à voir la rébellion vertement réprimée».

La question vaut d'être posée : quelles sont donc ces idées si puissantes que des milliers de personnes ont entrepris de les disséminer partout dans le monde? Elles traitent du pouvoir – et des nouvelles façons d'imaginer le pouvoir. Par exemple, il y a quelques années, il aurait été impensable que les rebelles se rendent à Mexico pour prendre la parole devant le Congrès. L'entrée de guérilleros masqués dans l'enceinte du pouvoir politique ne peut signifier qu'une chose : la révolution. Et pourtant, les zapatistes ne veulent ni renverser le gouvernement ni faire de leur leader le président. S'ils ont un souhait en la matière, c'est plutôt de réduire le pouvoir de l'État sur la vie de chacun. Et puis, Marcos dit que dès qu'il aura réussi à négocier la paix, il disparaîtra après avoir enlevé son masque. [*Lorsque le Congrès a enfin entendu les zapatistes, Marcos est demeuré à l'extérieur.*]

Que signifie le fait d'être révolutionnaire si on ne veut pas de révolution? Voilà l'un des grands paradoxes zapatistes. Dans l'un de ses nombreux communiqués, Marcos écrit : «Pas la peine de conquérir le monde. Il suffit de le refaire.» Et il ajoute ceci : «Nous. Aujourd'hui.» Ce qui démarque les zapatistes des autres guérilleros marxistes rebelles, c'est qu'ils veulent non pas renverser l'État, mais bien plutôt créer et maintenir des espaces autonomes où «la démocratie, la liberté et la justice» seront à l'honneur.

Même si les zapatistes ont énoncé les grands objectifs que vise leur résistance (contrôle de la terre, représentation politique directe, droit à la protection de leur langue et de leur culture), ils répètent à qui veut les entendre qu'ils souhaitent, non pas «la Révolution», mais «une révolution qui rend la révolution possible».

Marcos croit que les leçons qu'il a tirées de l'expérience du Chiapas – touchant la prise de décisions non hiérarchique, l'organisation décentralisée et la démocratie communautaire profonde – peuvent s'appliquer ailleurs dans le monde, pour peu qu'on tende l'oreille. Ce mode organisationnel ne divise pas les gens en ouvriers, guerriers, paysans et étudiants; il cherche plutôt à structurer l'ensemble de la communauté, sans égard aux secteurs d'activités ni aux générations. Ce faisant, il crée des «mouvements sociaux». Aux yeux des zapatistes, ces zones autonomes n'ont rien à voir avec l'isolationnisme ni avec un décrochage à la manière des années soixante. Au contraire: Marcos croit fermement que ces espaces libres, nés des terres reprises en main, de l'agriculture communautaire, de la résistance à la privatisation, seront un jour, du simple fait d'exister à titre de solutions de rechange, un contrepoids efficace à l'État.

Voilà l'essence même du *zapatismo*, et l'explication d'une bonne partie du pouvoir d'attrait qu'il exerce: c'est un appel mondial à la révolution qui ne vous demande que de rester là où vous êtes et de combattre par vos propres moyens. Une caméra vidéo, des mots, des idées, «l'espoir» – autant d'éléments, écrit Marcos, qui «sont aussi des armes». Cette révolution en miniature nous dit: «Oui, vous pouvez essayer ceci chez vous.» Le modèle d'organisation a fait des petits en Amérique latine et dans le monde. On le voit à l'œuvre dans les *centri sociali* (centres sociaux) et les squats anarchistes de l'Italie comme dans le mouvement brésilien des paysans sans-terre, qui s'emparent de terres agricoles à l'abandon pour les consacrer à l'agriculture durable, à des marchés et à des écoles, forts du slogan *Ocupar, Resistir, Producir* (occuper, résister, produire). Les mêmes idées sur la mobilisation des «disparus» économiques inspirent le mouvement des Piqueteros en Argentine, regroupement de chômeurs que la faim a poussés à rechercher de nouveaux moyens d'arracher des concessions à l'État. Renversant le piquet de grève traditionnel (impossible de fermer une usine déjà désaffectée), les Piqueteros bloquent, souvent pendant des semaines, les voies d'accès aux villes, empêchant l'entrée des véhicules et des biens. Les politiciens se voient alors dans l'obligation d'aller négocier sur place, et les Piqueteros gagnent généralement l'équivalent

de prestations de chômage pour leurs membres. Les Piqueteros de l'Argentine (qui arborent couramment des tee-shirts de
l'EZLN) croient que, dans un pays qui compte trente pour cent
de chômeurs, les syndicats doivent mobiliser l'ensemble de la
communauté, pas seulement les travailleurs. «La nouvelle usine,
c'est le quartier», dit Luis D'Elia, chef piquetero. Enfin, la philosophie zapatiste a été exprimée avec force par les étudiants de
l'Université nationale autonome du Mexique, qui ont monté une
longue occupation militante du campus, l'an dernier. Zapata a
dit un jour que la terre appartenait à ceux qui la labouraient; les
bannières des étudiants proclamaient haut et fort : «NOUS DISONS
QUE L'UNIVERSITÉ APPARTIENT À CEUX QUI Y ÉTUDIENT».

Le *zapatismo*, selon Marcos, est non pas une doctrine mais
une «intuition». Et il s'efforce sciemment de faire appel à quelque
chose qui ne relève pas de l'intellect, à une part de nous épar-
gnée par le cynisme, qu'il a trouvée en lui dans les montagnes du
Chiapas : l'émerveillement, l'abandon de l'incrédulité, le mythe,
la magie. Au lieu de publier des manifestes, il essaie de retrouver
ce lieu par l'improvisation : longues méditations, fantaisies, rêves
éveillés. Au fond, voilà une sorte de guérilla intellectuelle : au
lieu de se mesurer à ses adversaires selon leurs termes à eux,
Marcos change de sujet de conversation.

Voilà pourquoi, à mon arrivée à Mexico, en préparation pour
le 11 mars, j'ai vu tout autre chose que le grand moment historique que j'avais imaginé à la lecture du fameux *e-mail*. Lorsque,
applaudis par deux cent mille personnes, les zapatistes sont entrés dans le Zócalo, la place devant l'Assemblée législative, l'histoire était certes en train de s'écrire, mais c'était la petite histoire,
l'histoire avec un h minuscule, plus modeste que celle qu'on voit
dans les films d'actualité en noir et blanc. Une histoire qui dit : «Je
ne peux pas écrire votre histoire à votre place. Mais je peux vous
dire que vous pouvez vous-même faire l'histoire.»

Ce jour-là, les plus farouches partisans des zapatistes étaient
les femmes d'âge mûr – la catégorie démographique que les
Américains appellent les *soccer moms* (mères de banlieue occupées à conduire leurs enfants aux matchs de foot et ailleurs). Elles
ont accueilli les révolutionnaires en scandant toutes ensemble :
«Vous n'êtes pas seuls!» Quelques-unes d'entre elles, sorties à
leur pause-café du restaurant-minute où elles travaillaient, arbo-
raient les mêmes uniformes rayés.

De loin, la popularité des zapatistes – quarante modèles de
tee-shirts, d'affiches, de drapeaux et de poupées – s'apparente

à une forme de marketing de masse, à la nouvelle image de marque chic et radicale d'une culture ancienne. Mais de près, on a plutôt l'impression d'avoir affaire à un folklore authentique et anachronique. Pour transmettre leur message, les zapatistes n'ont pas misé sur la publicité et les spots télé; ils s'en sont plutôt remis aux contes et aux symboles, peints à la main sur les murs, transmis de bouche à oreille. Le Net, qui imite ces réseaux organiques, n'a fait que diffuser ce folklore partout dans le monde.

En écoutant Marcos prendre la parole devant la foule réunie à Mexico, j'ai constaté à mon grand étonnement qu'il ne ressemblait ni à un politicien en plein rassemblement partisan ni à un prêtre en chaire. On aurait pu croire à un poète (et à la plus grande soirée de poésie du monde). Il m'est venu à l'idée alors que Marcos n'est pas Martin Luther King – c'est plutôt son fils, un homme bien de son temps, né de l'union douce-amère de la vision et de la nécessité. Cet homme masqué qui se fait appeler Marcos est le fils de King, de Che Guevara, de Malcolm X, d'Emiliano Zapata et de tous les autres héros qui, après nous avoir interpellés du haut de leur chaire, ont été abattus les uns après les autres, laissant des partisans aveugles et déboussolés, ayant perdu la tête. À leur place, le monde a maintenant un héros d'un nouveau genre, qui écoute plus qu'il ne parle, qui énonce des énigmes plutôt que des certitudes, un leader qui cache son visage, qui affirme que son masque est en fait un miroir. Et les zapatistes nous ont donné, non pas le rêve d'une révolution, mais une révolution qui rêve. «Voici notre rêve, écrit Marcos, le paradoxe zapatiste – celui qui dérobe le sommeil. Le seul rêve qu'on rêve éveillé, sans dormir. L'histoire qui naît et se cultive à partir du bas.»

LES CENTRES SOCIAUX ITALIENS

DANS LES ENTREPÔTS DÉSAFFECTÉS, ON OUVRE DES FENÊTRES SUR LA DÉMOCRATIE

Juin 2001

Une femme aux longs cheveux bruns, la voix éraillée par la fumée de cigarette, veut me poser une question. «Que voyez-vous au juste ici? me demande-t-elle par la bouche de l'interprète. Un affreux ghetto, ou quelque chose qui pourrait être beau?»

C'était une question piège. Nous nous trouvions dans un squat délabré d'une des banlieues les moins pittoresques de Rome. Les murs de cet immeuble bas étaient recouverts de graffiti; le sol était boueux et, tout autour, s'élevaient d'immenses HLM à l'aspect menaçant. Si l'un des vingt millions de touristes ayant déferlé sur Rome l'an passé avait, au hasard d'un mauvais tournant, abouti ici, il se serait précipité sur son guide Fodor pour partir aussitôt à la recherche de n'importe quel immeuble pourvu de plafonds en voûte, de fontaines et de fresques. Alors que, au centre de Rome, on trouve les vestiges parfaitement conservés de l'un des empires les plus puissants et les plus centralisés de tous les temps, c'est ici, dans un quartier périphérique défavorisé, qu'on aperçoit les signes avant-coureurs d'une nouvelle politique bien vivante.

Le squat en question s'appelle Corto Ciccuito, l'un des nombreux *centri sociali* de l'Italie. Un centre social, c'est un bâtiment désaffecté – entrepôt, usine, forteresse militaire, école – occupé par des squatteurs et transformé en plaque tournante culturelle et politique échappant par définition à tout contrôle du marché ou de l'État. Selon certaines estimations, il y en aurait environ cent cinquante en Italie.

Le plus grand et le plus ancien – Leoncavallo, à Milan – est presque une ville en soi: on y trouve plusieurs restaurants, des jardins, une librairie, un cinéma, une rampe de planches à roulettes intérieure et un club si grand que le groupe de rappeurs Public Enemy a pu s'y produire. Les centres sociaux comptent parmi les rares espaces de bohème dans un monde en voie d'embourgeoisement rapide, ce qui leur a valu d'être décrits par *Le Monde* comme des «bijoux culturels italiens».

Cela dit, les centres sociaux ne sont pas seulement des lieux branchés où on va pour se montrer le samedi soir. Ils sont aussi à l'origine d'un nouveau militantisme politique en Italie. Dans les centres, on passe facilement de la culture à la politique : un débat sur l'action directe se transforme en immense fête en plein air, une *rave* côtoie une réunion sur la syndicalisation des travailleurs de la restauration rapide.

C'est par nécessité que cette culture a émergé en Italie. Devant le spectacle des scandales de la corruption impliquant des politiciens de gauche comme de droite, beaucoup de jeunes Italiens ont conclu, non sans raison, que c'est le pouvoir lui-même qui corrompt. Le réseau des centres sociaux constitue une sphère politique parallèle qui, loin de vouloir prendre le pouvoir dévolu à l'État, offre des services de rechange à ceux de l'État – garde d'enfants, défense des droits des réfugiés –, tout en défiant celui-ci au moyen de l'action directe.

Par exemple, le soir où j'ai visité Corto Ciccuito, à Rome, le dîner collectif de lasagne et de salade *caprese* a été accueilli avec un enthousiasme tout particulier, puisque le chef venait d'être libéré de prison après avoir été arrêté lors d'un rassemblement antifasciste. Et au centre de Leoncavallo, à Milan, je suis tombée sur plusieurs membres des *Tute Bianche* (combinaisons blanches) qui étudiaient des plans numériques de Gênes en prévision du sommet du G-8 en juillet 2001 : ce groupe d'action directe, dont le nom vient de l'uniforme que revêtent ses membres lors des manifestations, venait de «déclarer la guerre» au sommet de Gênes.

En fait d'activités menées dans les centres sociaux, il y a toutefois plus choquant que ces déclarations. Détail beaucoup plus étonnant, ces militants, qui s'insurgent contre l'autorité et dont l'essence même est le rejet de la politique partisane, ont commencé à briguer les suffrages – et à gagner. À Venise, à Rome et à Milan, certains activistes bien connus des centres sociaux, dont des chefs des *Tute Bianche*, siègent désormais au conseil municipal.

Depuis que le parti de droite de Silvio Berlusconi, Forza Italia, est au pouvoir, on doit se protéger contre ceux qui cherchent à fermer les centres. Cela dit, Beppe Caccia, membre des *Tute Bianche* et conseiller municipal à Venise, dit que la participation à la politique municipale est le prolongement naturel de la théorie des centres sociaux. L'État-nation est en crise, affirme-t-il, affaibli par la concentration des pouvoirs au niveau mondial et corrompu par la mainmise des entreprises. Entre-temps, en Italie comme dans les autres pays industrialisés, c'est la droite qui a récupéré le sentiment régional et le désir de décentralisation. Dans un tel contexte, Caccia propose une stratégie en deux volets : affronter les pouvoirs non responsabilisés et non représentatifs au niveau mondial (par exemple, au G-8) et, en même temps, instaurer une politique locale plus responsable et participative (entre le centre social et le conseil municipal).

Ce qui me ramène à la question qu'on m'a posée dans ce quartier périphérique de l'empire romain désormais momifié. Malgré les apparences, les centres sociaux sont non pas des ghettos, mais des fenêtres : ils ouvrent sur une autre manière de vivre, libérée de l'État, certes, mais aussi sur une nouvelle politique de l'engagement. Et, oui, c'est «quelque chose qui pourrait être beau».

LES LIMITES DES PARTIS POLITIQUES

C'EST À PARTIR DE LA BASE QU'IL FAUT ASSURER
LE PASSAGE DE LA MANIFESTATION AU POUVOIR

Décembre 2000

Je n'ai jamais été membre d'un parti politique; je n'ai même jamais assisté à un congrès politique. Aux dernières élections, on m'a traînée par les cheveux jusqu'au bureau de scrutin, où j'ai succombé à des douleurs abdominales plus atroces que celles dont souffraient les copains qui avaient tout simplement avalé leur bulletin de vote. Alors pourquoi suis-je d'accord pour dire qu'il nous faut une nouvelle alliance politique rassemblant les forces progressistes du Canada, voire un nouveau parti politique?

Ce débat a cours dans tous les pays, de l'Argentine à l'Italie, où les partis de gauche battent de l'aile alors que l'activisme est en plein essor. Le Canada ne fait pas exception à la règle. De toute évidence, la gauche telle qu'on la connaît aujourd'hui – qui se limite à un Nouveau Parti démocratique [*équivalent canadien du parti social-démocrate*] affaibli et peu efficace, ainsi qu'à une ronde sans fin de manifestations dans les rues – n'offre que le moyen de se démener comme des fous pour que les choses aillent un peu moins mal qu'elles ne le feraient sans cela, c'est-à-dire quand même très mal.

Depuis quatre ans, nous assistons à une vague d'organisation politique et de manifestations militantes. Des étudiants paralysent les réunions commerciales où les politiciens bradent leur avenir. Les peuples autochtones, de l'île de Vancouver à Burnt Church, au Nouveau-Brunswick, font tout pour reprendre le contrôle des forêts et de la pêche; ils en ont marre d'attendre d'Ottawa des autorisations déjà confirmées par les tribunaux. À Toronto, la Coalition ontarienne contre la pauvreté occupe des immeubles et exige qu'on offre à tous les Canadiens l'abri auquel ils ont droit.

Des organisations radicales, agissant au nom de beaux principes, existent donc déjà un peu partout. Mais pour les convertir en force politique concertée, on ne pourra se contenter de meilleurs contacts entre les intervenants de toujours. Il faudra plutôt faire table rase du passé, mener une enquête systématique pour savoir quels groupes sont les plus lésés par le modèle économique dominant (et le contestent déjà le plus vivement), puis, fort de ces connaissances, élaborer un programme politique.

Je soupçonne fort que cette vision aurait peu à voir avec le programme actuel du NPD. Si vous vous mettez à l'écoute des Canadiens les plus défavorisés économiquement et socialement, vous vous rendrez compte qu'ils formulent une idée qui, dans le discours de la gauche établie, brille par son absence : une profonde méfiance à l'égard de l'État. Cette méfiance s'explique par leur expérience concrète : harcèlement des contestataires et des immigrants par la police, traitement punitif dans les bureaux de l'aide sociale, programmes de formation professionnelle inefficaces, patronage et corruption, gestion incompétente des ressources naturelles.

Devant la rage contre le gouvernement fédéral qui gronde un peu partout au pays, le NPD n'a eu qu'une seule réaction : proposer une meilleure gestion centralisée. Selon ses politiques, un gouvernement central plus fort constitue le remède à tous les maux. En faisant la sourde oreille à ceux qui rêvent d'un plus grand contrôle au niveau local – et qui font preuve d'un scepticisme tout à fait justifié à l'égard du pouvoir centralisé –, le NPD a perdu au profit de la droite l'ensemble du vote «anti-Ottawa». Seule l'Alliance canadienne, parti qui incarne la droite dure, propose aux électeurs autres que ceux du Québec l'occasion d'«envoyer un message à Ottawa» – même si le message ne consiste qu'à demander une baisse d'impôts pour compenser les carences de la démocratie.

Un parti national de gauche pourrait formuler une vision différente, ancrée dans la démocratie locale et le développement économique durable. Mais tout d'abord, la gauche doit apprendre à composer avec la perception qu'ont les Canadiens du gouvernement. Elle doit se mettre à l'écoute des voix qui s'élèvent dans les réserves autochtones et dans les communautés non autochtones riches en ressources naturelles, dont le point commun est une immense colère devant la scandaleuse incurie dont font preuve les gouvernements fédéral et provinciaux dans la gestion (réalisée à partir de bureaux en milieu urbain) de la terre et des océans. Partout au pays, les programmes gouvernementaux de «développement» régional ont perdu toute crédibilité. Les initiatives fédérales visant à pousser les pêcheurs à se lancer dans l'écotourisme, par exemple, ou les fermiers dans les technologies de l'information sont vues comme des projets inutiles qui font fi des besoins réels des communautés, voire leur sont néfastes.

Et ce n'est pas que dans les zones rurales et, naturellement, au Québec qu'on se dit frustré des ratés de la planification centralisée. Un peu partout, on transforme les centres urbains en méga-villes contre la volonté des citoyens, au même moment qu'on fusionne, pour en faire des usines médicales inefficaces, des hôpitaux qui s'étaient dotés de programmes novateurs. Et si vous prêtez l'oreille aux cris des enseignants, auxquels des politiciens semi-lettrés imposent des examens normalisés, vous entendrez le même ressentiment à l'encontre d'un pouvoir lointain, la même soif de contrôle local et de démocratie profonde dans la vie de tous les jours.

Au fond, toutes ces batailles naissent parce que les citoyens voient le pouvoir se déplacer vers des lieux de plus en plus éloignés de ceux où ils vivent et travaillent: vers l'OMC, vers des multinationales qui n'ont de comptes à rendre à personne, mais aussi vers des gouvernements nationaux, provinciaux et même municipaux de plus en plus centralisés. Loin de réclamer une planification centrale plus éclairée, les gens revendiquent les outils – financiers et démocratiques – grâce auxquels ils prendront leur destinée en mains, exploiteront leurs connaissances, construiront des économies diversifiées et durables. Ce ne sont pas les idées qui manquent.

Ainsi, sur la côte ouest de l'île de Vancouver, on réclame des banques communautaires de permis de pêche, instances qui conserveraient les droits de pêche sur place au lieu de les revendre à Ottawa ou à de grandes flottes commerciales. En attendant, les pêcheurs autochtones et non autochtones contournent le ministère des Pêches et des Océans et tentent de sauver la pêche au saumon au moyen de la remise en état des lieux de frai et de la protection des alevinières. Ailleurs en Colombie-Britannique, on évoque la possibilité de permis communautaires d'exploitation forestière: ainsi, les terres de la Couronne seraient enlevées aux multinationales, qui ne visent que leur exploitation intensive, et confiées aux communautés locales, qui en assureraient une gestion durable.

Même à Terre-Neuve, province longtemps considérée par Ottawa comme un simple repaire d'assistés sociaux, on a parlé, durant la campagne électorale de l'an 2000, d'une renégociation du fédéralisme comme moyen de reprendre en mains les riches ressources énergétiques de la province ainsi que ce qui reste de l'industrie de la pêche. Les Terre-Neuviens envoient le même message que les chefs inuits décidés à faire en sorte que, au retour des prospecteurs de pétrole et de gaz naturel sur leurs terres, les profits favoriseront le développement local au lieu de remplir les coffres des multinationales.

À bien des égards, ces idées et ces expériences, surgies spontanément du peuple, sont diamétralement opposées au modèle de libre-échange prôné par les libéraux fédéraux, selon lequel toute prospérité dépend des capitaux étrangers, même s'il faut pour les obtenir renoncer à des pouvoirs démocratiques. Les communautés revendiquent le contraire : des pouvoirs locaux accrus leur permettant de faire plus avec moins.

Avec cette vision, on dispose d'un moyen concret d'échapper au ressentiment régional et anti-immigrant que colportent les populistes de droite. Oui, faute de mieux, on se contentera de baisses d'impôt et de boucs émissaires. Mais il est évident que les Canadiens aspirent de tous leurs vœux à agir de concert, à mettre en commun ressources et connaissances et à aller au-delà des possibilités individuelles.

Voilà une magnifique occasion pour la gauche, mais dont le NPD n'a su tirer aucun profit, pas plus d'ailleurs que les partis sociaux-démocrates de l'Europe. Dans le paysage politique actuel, un espace béant s'offre à l'émergence d'une nouvelle coalition politique qui, loin de considérer les revendications liées au contrôle local comme une grave menace pour l'unité nationale, y voit plutôt le fondement d'une culture cohérente – et pourtant diversifiée. Ces appels à l'autodétermination, à la démocratie populaire et au développement durable sont autant d'éléments d'une nouvelle vision politique que partagent de nombreux Canadiens négligés par la prétendue gauche.

À l'heure actuelle, des partis fédéraux essaient de préserver l'unité du pays contre sa volonté, alors que des partis régionaux tentent de le diviser malgré lui, à ses risques et périls. Il nous faut maintenant un regroupement politique capable de monter en épingle non pas les différences, mais bien plutôt les liens entre toutes ces luttes pour le pouvoir local.

Pour y parvenir, la gauche traditionnelle devra renoncer à certains de ses principes fondamentaux sur la façon de gouverner un pays. Après tout, le fil conducteur qui relie les droits des municipalités à la gestion durable des ressources et la souveraineté du Québec à l'autonomie gouvernementale des autochtones, ce n'est pas la consolidation de l'État central. C'est la soif d'autodétermination, d'économie durable et de démocratie participative.

La décentralisation du pouvoir n'exige pas qu'on élimine les rigoureuses normes nationales et internationales – non plus que le financement stable et équitable – en matière de santé, d'éducation, de logements à prix abordable et de protection de l'environnement. En revanche, la gauche doit troquer sa devise traditionnelle – «Plus d'argent pour les programmes sociaux» – contre une nouvelle – «Le pouvoir aux collectivités» –, qu'il s'agisse des villes, des réserves autochtones, des écoles ou des milieux de travail.

À réunir ces forces vives et d'autres encore, on mettrait en lumière des conflits larvés entre les autochtones et les non-autochtones, les syndicats et les écologistes, les villes et les communautés rurales – mais aussi entre les visages blancs de la gauche canadienne et ceux, plutôt basanés, des défavorisés. Face à ces oppositions, il nous faut non pas un nouveau parti politique – du moins pas encore –, mais un nouveau processus politique dont les partisans auraient foi dans la démocratie au point de ne pas craindre l'émergence d'un mandat politique.

La création d'un tel processus exigerait de longs et patients efforts, mais le jeu en vaut la chandelle. Car c'est en faisant ressortir les liens entre les enjeux balayés sous le tapis et les collectivités laissées pour compte qu'on verra émerger une solution politique mobilisatrice et radicalement nouvelle.

DES SYMBOLES À LA SUBSTANCE

APRÈS LE 11 SEPTEMBRE, IL EST PLUS URGENT QUE JAMAIS DE TROUVER DES SOLUTIONS DE RECHANGE AUX INTÉGRISMES RELIGIEUX ET ÉCONOMIQUES

Octobre 2001

À Toronto, où j'habite, les activistes qui militent en faveur du droit au logement ont démenti les affirmations selon lesquelles les manifestations anticommerciales ont péri le 11 septembre. Ils l'ont fait en bouclant le quartier des affaires, la semaine dernière. Le rassemblement n'avait rien de poli. Les affiches faisant la promotion de l'événement montraient des gratte-ciel bordés de rouge : les périmètres de la zone choisie pour l'action directe. Comme si les attentats du 11 septembre n'avaient pas eu lieu. Bien sûr, les organisateurs savaient qu'ils n'allaient pas se faire d'amis en ciblant des immeubles à bureaux ainsi que la Bourse, surtout à une heure de vol à peine de New York. Par ailleurs, avant le 11 septembre, la Coalition ontarienne contre la pauvreté (OCAP) était déjà tout sauf populaire. Sa dernière action : «expulser symboliquement» le ministre provincial du Logement de son bureau (en mettant ses meubles à la rue). Imaginez la cote d'amour de ce groupe auprès de la presse.

À bien d'autres égards, le 11 septembre n'a rien changé au travail de la Coalition : les nuits sont quand même de plus en plus froides, et la récession, toujours à nos portes. Le 11 septembre n'a rien changé au fait que beaucoup de sans-abri mourront dans les rues l'hiver prochain, comme cela s'est produit l'hiver passé et celui d'avant – à moins qu'on ne mette tout de suite à leur disposition de nouveaux lits.

Pour d'autres groupes, plus proches peut-être de l'opinion publique, le 11 septembre modifie radicalement la donne. En Amérique du Nord, du moins, les campagnes qui ciblent – même de façon pacifique – de puissants symboles du capitalisme se trouvent désormais au cœur d'un paysage sémiotique entièrement transformé. Après tout, les attentats, actes terroristes horriblement réels, ont aussi été des actes de guerre symboliques, immédiatement compris comme tels. Ainsi que l'ont fait remarquer de nombreux commentateurs, les tours étaient non pas des bâtiments ordinaires, mais des «symboles du capitalisme américain».

Certes, rien ou presque ne laisse croire que le millionnaire saoudien le plus recherché en Amérique a maille à partir avec le capitalisme (à en juger par le réseau mondial d'exportations d'Oussama ben Laden, qui va de l'agriculture commerciale aux oléoducs, l'hypothèse semble peu vraisemblable). Et pourtant, au sein du mouvement que d'aucuns qualifient d'«antimondialisation», d'autres d'«anticapitaliste» (alors que pour ma part, je l'appelle un peu paresseusement «le mouvement»), il est difficile d'échapper aux débats sur les symboles: tous ces signes et ces signifiants anticommerciaux – les logos détournés, le look guérillero, la décision de cibler des marques et des institutions politiques – qui constituent les métaphores dominantes du mouvement. Parmi les adversaires politiques de l'activisme anticommercial, il s'en trouve beaucoup pour affirmer, forts du symbolisme des attentats contre le World Trade Center et le Pentagone, que les jeunes activistes, qui jouaient à la guérilla, se sont fait prendre à revers par une guerre véritable. Dans les journaux du monde entier, on publie déjà la notice nécrologique du mouvement: «L'antimondialisation, c'est parfaitement obsolète», proclame une manchette représentative. Selon le *Boston Globe*, le mouvement est «en lambeaux». Est-ce bien vrai?

Ce n'est pas la première fois qu'on enterre notre activisme. En fait, de façon quasi rituelle, avant et après chaque manifestation de masse, on conclut à sa disparition: nos stratégies sont, semble-t-il, déconsidérées, nos coalitions divisées, nos arguments spécieux. Et pourtant, il y a de plus en plus de gens aux manifs: de 50 000 à Seattle, nous sommes passés à 300 000, selon certaines estimations, à Gênes.

En même temps, ce serait ridicule de prétendre que le 11 septembre n'a rien changé. Je l'ai bien constaté en visionnant un diaporama que je préparais avant les attentats. Il portait sur la façon dont les grandes entreprises récupèrent, dans leur marketing, les images anticommerciales. Sur un cliché, on voit un groupe d'activistes en train de noircir à la peinture aérosol la vitrine d'un magasin Gap lors des manifestations de Seattle contre l'OMC. La diapo suivante montre des vitrines récentes de Gap, aux graffiti préfabriqués : le mot «Indépendance» peint en noir. La diapo suivante, extraite du jeu State of Emergency (État d'urgence) de la PlayStation de Sony, met en scène des anarchistes hypertendance qui lancent des pierres à la tête des sinistres policiers anti-émeute chargés de protéger la fictive Organisation américaine du commerce. Désormais, quand je regarde ces diapos, je ne vois plus qu'une chose : ces clichés de la guerre des images ont été éclipsés, littéralement emportés par le choc des attentats terroristes, comme autant de figurines et de modèles réduits de voitures sur le plateau de tournage d'un film catastrophe.

Malgré cette modification du paysage – ou peut-être à cause d'elle –, il vaut la peine de rappeler les raisons qui ont poussé le mouvement à mener des combats d'ordre symbolique. La Coalition ontarienne contre la pauvreté a pris la décision de boucler le quartier des affaires dans un contexte très précis. Comme beaucoup d'autres qui cherchent à inscrire la question de l'inégalité économique à l'ordre du jour des politiciens, les gens représentés par la Coalition se sentaient rejetés, exclus du paradigme et effacés, alors que leur existence même était présentée comme un problème de mendicité ou de *squeegees* (laveurs de pare-brise) à régler à grands coups de nouvelles lois répressives. Plus qu'à un simple adversaire politique local ou même à une loi commerciale précise, il fallait donc s'en prendre à un paradigme économique : les promesses non tenues du capitalisme déréglementé avec ses prétendus «effets de percolation».

D'où le défi auquel se trouvent confrontés les activistes modernes : comment se mobiliser contre une idéologie si vaste qu'elle n'a pas de limites, si omniprésente qu'elle semble ne se trouver nulle part ? Quel est le lieu de résistance de ceux qui n'ont pas de lieu de travail à fermer, de ceux dont les communautés sont sans cesse déracinées ? À quoi s'accrocher lorsque ce qui est puissant est aussi virtuel : le cours des devises, le prix des actions, la propriété intellectuelle et les obscurs accords commerciaux ?

Du moins, avant le 11 septembre, il y avait une réponse facile : s'accrocher à tout ce qui bouge, que ce soit l'image de marque d'une multinationale célèbre, une bourse, une réunion de chefs d'État, un accord commercial ou, dans le cas du regroupement de Toronto, les banques et les sièges sociaux d'entreprises qui sont le moteur de cette activité. Tout ce qui, ne serait-ce qu'un instant, rend concret l'intangible ramène l'immensité à l'échelle humaine. Autrement dit, on recherche des symboles dans l'espoir d'en faire des métaphores du changement.

Par exemple, lorsque les États-Unis ont lancé une guerre commerciale contre la France, qui avait osé interdire le bœuf aux hormones, José Bové et la Confédération paysanne n'ont pas cherché à attirer l'attention du monde entier en dénonçant les droits d'entrée sur le roquefort. Ils y sont parvenus grâce au «démantèlement stratégique» d'un McDonald's.

Au cours de la dernière décennie, nombre d'activistes ont compris qu'il est possible de surmonter l'ignorance des affaires internationales dans laquelle se trouvent les Occidentaux grâce aux liens entre les campagnes et les marques célèbres : arme efficace, quoique problématique, dans le combat contre l'esprit de clocher. À leur tour, ces campagnes anti-entreprises ont ouvert une porte dérobée sur le monde opaque de la haute finance et du commerce international, sur l'Organisation mondiale du commerce ou la Banque mondiale; chez certains, elles ont déclenché une remise en cause du capitalisme lui-même.

Ces tactiques se sont toutefois révélées une cible assez facile. Après le 11 septembre, les politiciens et les commentateurs du monde entier se sont instantanément mis à représenter les attentats terroristes comme la suite logique d'une violence antiaméricaine et anti-entreprises : d'abord la vitrine de Starbucks, ensuite le World Trade Center. Peter Beinart, rédacteur au *New Republic*, a fait tout un plat d'un seul petit message envoyé à un forum de discussion d'activistes sur Internet, dont l'auteur demandait si les attentats étaient l'œuvre de l'«un des nôtres». Beinart en a conclu que «le mouvement antimondialisation [...] est notamment motivé par la haine des États-Unis» – attitude immorale depuis que le pays a été attaqué. Reginald Dale, dans un article de l'*International Herald Tribune*, va plus loin que tous les autres sur la voie de l'équation entre manifestants et terroristes. «Sans vouloir de propos délibéré massacrer des milliers d'innocents, a-t-il écrit, les manifestants qui cherchent à bloquer des réunions comme celles du FMI ou de l'OMC recourent, pour parvenir à leurs fins, à l'intimidation, but classique du terrorisme.»

Dans un monde normal, au lieu de déclencher un tel ressac, les attentats terroristes auraient soulevé une autre question : pourquoi les services de renseignements américains passaient-ils leur temps à surveiller Reclaim the Streets et les centres médiatiques indépendants plutôt que les réseaux terroristes qui fomentaient un massacre collectif? Malheureusement, il semble évident désormais que les attentats du 11 septembre ne feront qu'exacerber la répression, déjà en cours, du mouvement activiste : surveillance plus serrée, infiltration, violence policière. J'ai bien peur que les attentats ne dérobent au mouvement certaines de ses victoires politiques. Les sommes engagées pour contrer la crise du sida en Afrique fondent à vue d'œil, et il est probable qu'on reviendra par la suite sur les promesses d'étendre à davantage de pays les mesures d'annulation de la dette. L'aide sert maintenant à récompenser les pays qui acceptent de s'engager dans la guerre des Américains.

Quant au libre-échange, qui avait depuis un moment mauvaise presse, il fait actuellement l'objet d'une campagne active de revalorisation : à l'instar du shopping et du base-ball, il est désormais un devoir patriotique. Selon le représentant des États-Unis pour le commerce extérieur, Robert Zoellick, le monde a besoin d'une nouvelle campagne pour «combattre la terreur par le commerce». Dans un essai du *New York Times Magazine*, Michael Lewis, auteur spécialisé du monde des affaires, établit la même équivalence entre combat pour la liberté et libre-échange. À ses yeux, les opérateurs boursiers qui ont péri dans les attentats «étaient non pas seulement des symboles, mais aussi des artisans de la liberté [...] Ils travaillaient d'arrache-pied, quoique involontairement, pour libérer les autres de leurs contraintes. Ainsi, presque par défaut, ils sont devenus l'antithèse spirituelle de l'intégriste, dont l'action repose sur le déni de la liberté personnelle au nom d'un hypothétique pouvoir supérieur.»

Les nouvelles lignes de combat ont été tracées : le commerce, c'est la liberté; l'opposition au commerce, c'est le fascisme.

Nos libertés civiles, nos progrès, nos stratégies éprouvées – tout cela est remis en question. Mais la crise offre aussi de nouvelles possibilités. Beaucoup l'ont dit, les mouvements pour la justice sociale sont confrontés avant tout à la nécessité de prouver que la justice et l'égalité sont les meilleures stratégies pour combattre la violence et l'intégrisme. Qu'est-ce que cela veut dire, en termes pratiques? Eh bien, les Américains prennent rapidement la mesure des conséquences d'un système de santé tellement saturé qu'il est incapable de faire face à la saison des grippes, sans parler d'une épidémie de la maladie du charbon. Alors qu'elle s'est engagée pendant une décennie à mettre les réserves d'eau à l'épreuve d'une attaque bioterroriste, l'Agence américaine de protection de l'environnement, totalement débordée, n'a presque rien fait. Les réserves alimentaires sont plus vulnérables encore: les inspecteurs ne parviennent à vérifier qu'environ un pour cent des produits importés – mince protection contre la peur grandissante de l'«agroterrorisme».

Dans cette guerre «nouveau genre», les terroristes trouvent dans notre infrastructure publique en lambeaux les armes de leur combat. C'est vrai pour les pays riches comme les États-Unis, mais aussi pour les pays pauvres, où l'intégrisme connaît une recrudescence fulgurante. Là où l'endettement et la guerre ont ravagé les infrastructures, des papas gâteau fanatiques comme ben Laden ont beau jeu d'établir leurs pénates et d'offrir les services fondamentaux qui relèvent en principe du gouvernement: les routes, les écoles, les cliniques, voire les installations hygiéniques de base. Au Soudan, c'est ben Laden qui a aménagé la route grâce à laquelle on a pu construire l'oléoduc Talisman, qui alimente en capitaux la brutale guerre ethnique menée par le gouvernement. Et si les séminaires islamistes extrémistes du Pakistan, lieu d'endoctrinement de tant de leaders talibans, sont en plein essor, c'est précisément parce qu'ils comblent une importante lacune sociale. Dans un pays qui consacre quatre-vingt-dix pour cent de son budget à l'armée et à la dette – et si peu à l'éducation –, les *madrasas* offrent aux enfants défavorisés des cours gratuits, certes, mais aussi le gîte et le couvert.

Pour qui veut comprendre l'essor du terrorisme (au Nord comme au Sud), le détour par la question de l'infrastructure et du financement public s'impose. Et pourtant, comment ont réagi les politiciens jusqu'ici? En proposant encore et toujours les mêmes mesures: baisses d'impôts pour les entreprises, privatisations supplémentaires. Le jour même où, à la une de l'*International Herald Tribune*, on lisait la manchette suivante: «La nouvelle ligne de front du terrorisme: la salle du courrier», on a annoncé que les gouvernements de l'Union européenne avaient accepté d'ouvrir leurs marchés de services postaux à la concurrence du secteur privé.

Le débat sur le type de mondialisation que nous voulons n'est pas «parfaitement obsolète»; au contraire, il est plus brûlant d'actualité que jamais. Beaucoup de groupes font maintenant référence au concept de «sécurité commune» – qui remplace avantageusement l'étroite mentalité des responsables de la sécurité (B-52 et frontières transformées en forteresses) qui, jusqu'ici, a lamentablement échoué. Pourtant, la naïveté n'est pas de mise: la seule réforme politique ne suffira pas à abolir le risque bien réel d'autres massacres d'innocents. Oui, la justice sociale s'impose. Mais il faut aussi obtenir justice pour les victimes des attentats et prendre des mesures concrètes pour empêcher d'autres attaques semblables. Le terrorisme présente bel et bien une menace internationale, et il n'est pas né avec les attentats perpétrés contre les États-Unis. Beaucoup de personnes qui appuient le bombardement de l'Afghanistan le font à contrecœur; aux yeux de certains, les bombes, toutes brutales et imprécises qu'elles soient, sont peut-être les seules armes dont on dispose. Mais si on se trouve tellement à court d'options, c'est en partie parce que les États-Unis s'opposent à toute une panoplie d'instruments internationaux plus précis et potentiellement efficaces.

Donnons quelques exemples: un tribunal pénal international permanent, initiative condamnée par les États-Unis, qui craignent d'y voir traduits en justice leurs propres héros de guerre. Ou encore le *Traité d'interdiction complète des essais nucléaires*, objet d'un autre veto américain. Sans parler de tous les autres traités que les États-Unis ont refusé d'entériner, ceux sur les mines antipersonnel, les armes légères et beaucoup d'autres qui nous auraient aidés à maîtriser un État fortement militarisé tel l'Afghanistan. Au moment même où le président Bush invite la planète entière à se rallier à la guerre américaine, faisant fi des Nations Unies et des tribunaux internationaux, nous, les militants, devons nous faire les ardents champions du véritable multilatéralisme, en rejetant une fois pour toutes l'étiquette «antimondialisation». Loin de constituer une véritable réaction mondiale face au terrorisme, la «coalition» de Bush n'est que l'internationalisation des objectifs de politique étrangère d'un pays et d'un seul. Cette attitude est d'ailleurs typique du comportement des États-Unis en matière de relations internationales, de la table de négociation de l'OMC à l'abandon du protocole de Kyoto. Faire ce constat, c'est obéir non pas à quelque sentiment antiaméricain, mais au contraire à un esprit international véritable.

Les nombreuses manifestations spontanées d'aide et de soutien mutuels qu'ont déclenchées les événements du 11 septembre sont-elles si différentes des objectifs humanitaires que prône notre mouvement? Depuis les attentats, les slogans scandés dans les rues – «Les gens avant les profits», «Le monde n'est pas à vendre» – ont acquis, de l'avis de plusieurs, une force de conviction viscérale. Ils font désormais figure d'évidence. On se demande pourquoi l'aide financière accordée aux lignes aériennes n'est pas versée aux travailleurs mis à pied. On se préoccupe de la volatilité du commerce déréglementé. On apprécie de plus en plus l'ensemble des travailleurs du secteur public. Bref, les biens collectifs – la sphère publique, le bien public, tout ce qui échappe aux entreprises – font l'objet, ô merveille, d'une redécouverte aux États-Unis.

Les personnes qui cherchent à faire changer les mentalités (plutôt qu'à simplement déployer une rhétorique victorieuse) devraient profiter de l'occasion qui nous est donnée d'établir un lien étroit entre ces réactions profondément humaines et les nombreux domaines – du traitement du sida à la situation des sans-abri – où les besoins de l'humain doivent l'emporter sur les profits des entreprises.

Pour y parvenir, on devra procéder à une modification radicale de la stratégie activiste, passer des symboles à la substance. Heureusement, la transformation est déjà en cours. Depuis plus d'un an, à l'intérieur du mouvement, on se demande s'il est opportun de se contenter de la seule opposition symbolique aux sommets ou à une grande société en particulier. La guerre des symboles est loin d'être satisfaisante : la vitrine d'un McDonald's vole en éclats, les sommets se tiennent dans des lieux de plus en plus reculés, mais à quoi bon ? Tout cela n'est encore et toujours que symboles, façades, représentations théâtrales.

Avant le 11 septembre, une nouvelle impatience se faisait déjà sentir, et on cherchait des solutions sociales et économiques qui s'attaquent aux racines mêmes de l'injustice, de la réforme agraire à l'indemnisation des descendants des esclaves, en passant par l'instauration de la démocratie directe.

Depuis les attentats, la tâche qui nous attend est encore plus claire : transformer un discours sur la mondialisation, notion floue, en débat bien ciblé sur la démocratie. À une époque de «prospérité sans précédent», on a dit aux habitants de nombreux pays qu'ils n'avaient d'autre choix que de sabrer dans les dépenses publiques, révoquer les droits des travailleurs, annuler des mesures de protection de l'environnement, considérées comme des barrières commerciales illicites, et réduire le financement scolaire. Tout cela pour se préparer au commerce, attirer les investissements, se rendre concurrentiels sur la scène internationale.

Notre tâche consiste aujourd'hui à comparer les promesses euphoriques de la mondialisation – réputée entraîner dans son sillage la prospérité générale, un développement plus poussé et un grand vent de démocratie – à la réalité créée par les politiques qui l'accompagnent. Il nous faut prouver que la mondialisation – dans cette incarnation-là – s'est faite sur le dos des gens et de l'environnement.

Trop souvent, on néglige d'établir de tels liens entre les niveaux mondial et local. À la place, on se trouve souvent en présence de deux solitudes militantes. D'un côté, on a les activistes internationalistes de la mondialisation, occupés à livrer bataille sur des questions en apparence lointaines, sans rapport avec les combats quotidiens. Parce que ces groupes sont détachés des réalités locales de la mondialisation, on les balaie souvent du revers de la main en prétendant que ce sont des étudiants mal renseignés ou des activistes professionels. De l'autre côté, il y a des milliers de groupes communautaires qui luttent, jour après jour, pour leur survie ou pour la sauvegarde des services publics les plus fondamentaux. On dénigre souvent leurs campagnes, jugées purement locales, voire insignifiantes. D'où le sentiment bien compréhensible qu'ont la plupart des activistes de la base d'être épuisés et d'avoir le moral à zéro.

Pour avancer, on doit de toute évidence réunir ces deux forces. Il faut que ce qui s'appelle actuellement le mouvement antimondialisation se transforme en milliers de regroupements locaux qui combattent sur le terrain les retombées des politiques néolibérales: clochardisation, stagnation des salaires, hausse vertigineuse des loyers, violence policière, surpeuplement des prisons, criminalisation des immigrants et des réfugiés, érosion des écoles publiques et risques de contamination de l'eau. En même temps, les mouvements locaux qui s'insurgent, sur le terrain, contre la privatisation et la déréglementation devront situer leurs campagnes dans le cadre d'un mouvement mondial plus vaste, de manière à positionner les enjeux qui les préoccupent par rapport au modèle économique imposé dans le monde entier. Il nous faut un cadre politique susceptible de s'attaquer, sur la scène internationale, au pouvoir et au contrôle des grandes entreprises et de favoriser, au niveau local, la mobilisation et l'autodétermination.

S'impose donc de toute urgence la nécessité d'élaborer un discours politique qui ne craigne pas la diversité, qui ne veuille pas faire entrer de force tous les mouvements politiques dans un modèle unique. À tous les niveaux, l'économie néolibérale vise la centralisation, l'intégration, l'homogénéisation. Elle est en guerre ouverte contre la diversité. Pour la contrer, nous devons créer un mouvement qui encourage, célèbre et protège jalousement le droit à la diversité: diversité culturelle, écologique, agricole et, oui, politique; car il existe différentes façons de faire de la politique. Le but n'est pas d'en arriver à des règles et à des gouvernants acceptables mais éloignés de nous; c'est plutôt de favoriser la démocratie directe et proche de nous.

Pour y parvenir, nous devons prêter l'oreille aux voix – venues du Chiapas, de Porto Alegre, du Kerala – qui montrent qu'on peut combattre l'impérialisme tout en accueillant à bras ouverts la pluralité, le progrès et la démocratie profonde. En 1998, dans son livre *Djihad versus McWorld*, Benjamin Barber a fait état d'une lutte mondiale à venir. Une tâche plus urgente que jamais nous attend : montrer qu'il y a plus de deux mondes possibles, mettre en lumière tous ces mondes invisibles qui se situent quelque part entre l'intégrisme économique de McWorld et l'intégrisme religieux du djihad.

La grande force de ce mouvement des mouvements, c'est qu'il offre une véritable solution de rechange à l'homogénéisation et à la centralisation qu'entraîne la mondialisation. Aucun secteur, aucun pays ne peut en revendiquer l'exclusivité, aucune élite intellectuelle ne peut le contrôler; voilà justement son arme secrète. Un mouvement mondial vraiment diversifié, qui prend racine partout où la théorie économique abstraite a des retombées locales concrètes, n'a pas à faire la tournée de tous les sommets, à affronter directement des institutions dont la puissance militaire et économique surpasse de loin la sienne. À la place, il peut les encercler de toutes parts. Nous l'avons vu, la police peut livrer la guerre aux manifestants, elle peut apprendre à les maîtriser, elle peut construire des clôtures toujours plus hautes. Mais aucune clôture ne peut contenir un mouvement social véritable, qui se trouve justement partout.

Il se peut que la fin de la guerre des images approche. Il y a un an, j'ai visité l'université de l'Oregon pour faire un reportage à propos de l'activisme anti-sweatshop sur ce campus surnommé Nike U. C'est là que j'ai rencontré l'étudiante activiste Sarah Jacobson. Nike, m'a-t-elle dit, était non pas la cible de son activisme mais un outil, une voie d'accès à un système économique vaste et souvent amorphe. «C'est une sorte de drogue d'introduction», m'a-t-elle dit joyeusement.

Pendant des années, notre mouvement s'est nourri des symboles mêmes de nos adversaires : leurs marques, leurs immeubles à bureaux, leurs sommets photogéniques. Nous en avons fait des cris de ralliement, des points de mire, des outils de sensibilisation populaire. Mais jamais ces symboles n'ont été les cibles véritables; c'étaient seulement des leviers, des poignées. Les symboles n'ont jamais été que des fenêtres. Il est temps de les ouvrir.

REMERCIEMENTS

Au moment où j'ai décidé de réunir les articles et les essais qui composent ce livre, j'avais l'espoir de recueillir, grâce à ce projet, des fonds que je mettrais ensuite à la disposition des organisations militantes dont le courageux combat de première ligne alimente ma réflexion. Mes agents, Bruce Westwood et Nicole Winstanley, ont transformé ce vague espoir en réalité, grâce à l'aide éclairée et constante de Brian Iler, Alisa Palmer et Clayton Ruby. Je suis extrêmement reconnaissante à tous mes éditeurs en langue anglaise d'avoir consenti un engagement remarquable : faire don d'une partie des recettes du présent livre au Fences and Windows Fund, destiné à recueillir des fonds pour la défense juridique des activistes et pour la sensibilisation populaire à la démocratie mondiale. Louise Dennys, Susan Roxborough, Philip Gwyn Jones et Frances Coady ont accueilli favorablement, d'entrée de jeu, cette idée peu orthodoxe.

En matière éditoriale, je dois beaucoup à Debra Levy. En plus de m'aider à faire la recherche pour de nombreuses chroniques, Debra s'est chargée, avec un engagement et une délicatesse de tous les instants, de la préparation du recueil, tenant minutieusement compte à la fois de l'ensemble et de ses plus infimes détails. N'écoutant que son grand courage, Louise Dennys a su résister à la tentation de me demander de récrire complètement les textes ; à la place, d'une touche très légère, elle a su tout changer. Damián Tarnopolsky, Deirdre Molina et Alison Reid ont encore amélioré, peaufiné et contre-vérifié le manuscrit ; Scott Richardson en a assuré la conception graphique.

Mon mari, Avi Lewis, a revu chaque texte au moment de sa rédaction, peu importe le nombre de kilomètres ou de fuseaux horaires qui nous séparaient. Kyle Yamada a servi d'adjoint éditorial et personnel de Debra Levy, ce dont nous lui savons toutes deux gré. Mes parents, Bonnie et Michael Klein, ont lu des versions du manuscrit et offert leurs commentaires. Comme en témoignent les dates de rédaction des articles, j'ai été partout, sauf chez moi, depuis deux ans et demi. Si j'ai pu errer ainsi, c'est uniquement parce que ma collègue Christina Macgill assurait la permanence ici, relevant tous les défis logistiques avec une sérénité et une ingéniosité incroyables.

En préparant les articles qui composent le présent livre, j'ai eu la chance de travailler avec de nombreux rédacteurs de journaux et de revues exceptionnels : Patrick Martin, Val Ross et Larry Orenstein au *Globe and Mail*; Milne et Katharine Viner au *Guardian*; Betsy Reed et Katrina vanden Heuvel à *The Nation*; Jesse Hirsh et Andréa Schmidt à www.nologo.org; Joel Bleifuss à *In These Times*; Michael Albert à *Znet*; Tania Molina à *La Jornada*; Håkan Jaensson à *Aftonbladet*; Giovanni De Mauro à *Internazionale* et Sander Pleij à *De Groene Amsterdammer.*

Ce sont Richard Addis et Bruce Westwood qui ont eu l'idée de me confier une chronique journalistique quotidienne durant les années les plus follement occupées de ma vie. En me démenant pour respecter les heures de tombée et envoyer mes textes par *e-mail* de téléphones publics dans les aéroports, de centres communautaires remplis de gaz lacrymogène ou d'hôtels minables équipés de téléphones à cadran, je dois avouer que, plus d'une fois, j'ai douté de leur jugement. Je saisis bien maintenant le cadeau qu'ils m'ont fait : une chronique hebdomadaire d'un chapitre remarquable de notre histoire.

LIEUX DE PREMIÈRE PUBLICATION

Les textes suivants ont fait l'objet, dans leur version originale anglaise, d'une publication antérieure.

I. LES FENÊTRES DE LA DISSIDENCE

«Seattle», *The New York Times*, le 2 décembre 1999.

«Washington, D.C.: Capitalism Comes out of the Closet. Before», *The Globe and Mail*, le 12 avril 2000.

«Washington, D.C.: Capitalism Comes out of the Closet. After», *The Globe and Mail*, le 19 avril 2000.

«What's Next?», *The Nation*, le 10 juillet 2000.

«Prague: The Alternative to Capitalism Isn't Communism, It's Decentralized Power», *The Globe and Mail*, le 27 septembre 2000.

«Toronto: Anti-Poverty Activism and the Violence Debate», *The Globe and Mail*, le 21 juin 2000.

II. LA DÉMOCRATIE EMMURÉE

À QUEL PRIX LE COMMERCE?

«The Free Trade Area of the Americas», *The Globe and Mail*, le 28 mars 2001.

«IMF Go to Hell», *The Globe and Mail*, le 16 mars 2002.

«No Place for Local Democracy», *The Globe and Mail*, le 28 février 2001.

«The War on Unions», *The Globe and Mail*, le 17 janvier 2001.

«The NAFTA Track Record», *The Globe and Mail*, le 18 avril 2001.

«Post-September 11 Postscript», *The Globe and Mail*, le 12 décembre 2001.

«Higher Fences at the Border», *The Globe and Mail*, le 22 novembre 2000.

LE MARCHÉ ENGLOUTIT LES BIENS COLLECTIFS

«Genetically Altered Rice», *The Globe and Mail*, le 2 août 2000.

«Genetic Pollution», *The Globe and Mail*, le 20 juin 2001.

«Foot-and-Mouth's Sacrificial Lambs», *The Globe and Mail*, le 7 mars 2001.

«The Internet as Tupperware Party», *The Globe and Mail*, le 8 novembre 2000.

«Co-opting Dissent», *The Globe and Mail*, le 31 mai 2001.

«Economic Apartheid in South Africa», *The Globe and Mail*, le 21 novembre 2001.

«Poison Policies in Ontario», *The Globe and Mail*, le 14 juin 2000.

«America's Weakest Front», *The Globe and Mail*, le 26 octobre 2001.

III. LE MOUVEMENT EN CAGE : LA DISSIDENCE CRIMINALISÉE

«Cross-Border Policing», *The Globe and Mail*, le 31 mai 2000.

«Pre-emptive Arrest», *The Globe and Mail*, le 7 juin 2000.

«Surveillance», *The Globe and Mail*, le 30 août 2000.

«Fear Mongering», *The Globe and Mail*, le 21 mars 2001.

«Infiltration», *The Globe and Mail*, le 21 avril 2001.

«Indiscriminate Tear-Gassing», *The Globe and Mail*, le 25 avril 2001.

«Manufacturing Threats», *The Globe and Mail*, le 5 septembre 2001.

«Stuck in the Spectacle», *The Globe and Mail*, le 2 mai 2001.

IV. L'EXPLOITATION DE LA TERREUR

«New Opportunists», *The Globe and Mail*, le 3 octobre 2001.

«Kamikaze Capitalists», *The Globe and Mail*, le 7 novembre 2001.

«The Terrifying Return of Great Men», *The Globe and Mail*, le 19 décembre 2001.

«America is Not a Hamburger», *The Los Angeles Times*, le 10 mars 2002.

V. DES FENÊTRES OUVERTES SUR LA DÉMOCRATIE

«Democratizing the Movement», *The Nation*, le 19 mars 2001.

«Rebellion in Chiapas», *The Guardian*, le 3 mars 2001.

«Italy's Social Centres», *The Globe and Mail*, le 7 juin 2001.

«Limits of Political Parties», *The Globe and Mail*, le 20 décembre 2000.

«From Symbols to Substance», *The Nation*, le 22 octobre 2001.

INDEX

217

TABLE

Ouvrage réalisé par Luc Jacques, typographe. Achevé d'imprimer en février 2003 sur les presses de Marc Veilleux imprimeur, Boucherville (Québec), pour le compte de Leméac Éditeur, Montréal. Dépôt légal, 1re édition: 1er trimestre 2003 (éd. 01/imp. 01)